지역사 교육 어떻게 가르칠 것인가

임호민 _ 林鎬敏

관동대학교 기초교육대학 조교수
관동대학교 사학과 졸
관동대학교 일반대학원 사학과 졸
한국학중앙연구원 한국학대학원 졸(문학박사)

주요 논저
「조선후기 강릉지방 향촌활동 연구」
「17세기 강릉사족의 송담서원 건립과 율곡승무소 전개과정」
「조선시대 강릉지역 사족 결사(結社) 구성과 의미」
「18~19C 강릉 鄕儒의 爭端과 향교의 역할」
「동해시 북평동 최광석 家 소장자료 해제」
『지역사 자원의 교육자료 활용방안 탐색』 등

이 저서는 2011년도 정부(교육부)의 재원으로 한국연구재단의 지원을 받아 연구되었음
(NRF-2011-35C-B00264)
This work was supported by the National Research Foundation of Korea Grant
funded by the Korean Government(NRF-2011-35C-B00264)

지역사 교육 어떻게 가르칠 것인가

초판인쇄일　2014년 8월 10일
초판발행일　2014년 8월 10일

지 은 이　임호민
발 행 인　김선경
책 임 편 집　김윤희, 김소라
발 행 처　**서경문화사**
　　　　　주소 : 서울시 종로구 이화장길 70-14(동숭동) 105호
　　　　　전화 : 743-8203, 8205 / 팩스 : 743-8210
　　　　　메일 : sk8203@chol.com
등 록 번 호　제300-1994-41호

ISBN　　978-89-6062-133-6　　93300

© 임호민, 2014

정가 12,000원

지역사 교육 어떻게 가르칠 것인가

임호민 지음

서경문화사

역사는 과거의 정태적 사실만을 의미하지 않는다. 과거에도 여러 상이한 구성 요소들 간의 상호융합과 갈등, 그리고 경험이라는 과정을 통해 생산되었으며, 변화과정에서 재생산 또는 재창조되는 과정을 수 없이 밟아 왔다. 지역사 연구도 마찬가지이다.

1980년대 이후 지역사 연구는 지역적 편차는 존재하지만 상당히 진척된 것은 사실이며, 또 연구 주제 또한 다양한 분야에 걸쳐서 이루어 졌다. 예컨대, 초기의 지역사는 사회사적 관점에서 지방의 양반이라고 할 수 있는 사족들의 향촌지배 양상과 수령으로 대변되는 관의 대민통치 형태의 변화 추이 등에 대해 중점적으로 연구가 진행되어 왔다. 그 이후 연구의 외연은 더욱 확대되어, 지역사는 인물, 문화유산의 변화 추이, 전통문화 유산의 공간성, 지역민들의 생업 형태별 주제 등 다양한 분야로 확산되어 왔다.

지역의 '전통문화'란 여러 형태의 지역사 자원, 즉 문화유산, 역사적 인물, 주요 역사적 사건, 기타 역사 일반에 대한 모든 것을 포괄하는 것이라 할 수 있다. 다시 말해서 과거 지역민들이 향유하였던 유·무형의 복합적인 삶의 자취들을 전통문화 요소들이라고 말할 수 있다. 그런데 이러한 문화자원에 대해 현재 사람들은 단순히 지금 나타나고 있는 현상적 차원에서만 이해하려는 경향이 농후한 실정이다. 반면 유·무형의 복합적인 삶의 자취들이 어떻게 생성·변화되었는 지에 대한 역사적

추적은 소홀히 하고 있다. 이 같은 이유로 지역사에 대한 올바른 역사적 인식이 이루어 지지 못하고 있으며, 또한 지역사나 문화자원에 대한 정보가 왜곡·전달되는 사례들도 빈번히 발생한다.

따라서 이 책에서는 지역의 문화유산과 사료를 통해 본 역사인물, 역사적 사건 등에 대한 심층적인 연구 성과를 제시하고자 한다. 또 시민들과 함께 연구성과와 정보를 공유함으로써 시민들 스스로가 올바른 역사 정보와 그렇지 못한 역사 정보를 분별할 수 있는 지식을 갖게하고자 함이다. 아울러 이러한 주제들은 지역사 교육에 있어서도 그 활용성이 요구되는 것들이므로 강원 영동 지역사 교육 현장에서도 본 주제들이 널리 활용되기를 바란다.

2014년 8월
임호민

목차

I.

올바른 문화유산
정보 읽기

지역마다 그 지역의 전통성과 정체성을 상징하는 고유의 문화유산이 있다. 최근 우리 역사와 문화유산에 대한 관심이 증가하면서 이와 같은 문화유산을 찾는 시민들이 늘고 있는 추세이다. 그런데 정작 역사와 문화유산 현장을 답사하다 보면, 제대로 정리된 관련 정보를 얻기가 쉽지 않다. 심지어는 올바르지 않은 정보나 역사적 사실들이 정리되어 있어 지역사 전공자로서 매우 안타깝다.

그래서 본 장에서는 많은 관광객과 시민들이 찾는 강원 영동 지역의 중요 문화유산에 대한 실증적 고찰을 통해 올바른 역사적 사실과 정보를 전달하고자 한다.

이러한 노력은 강의실에서만 이루어지는 지역사 교육의 한계를 뛰어 넘어 현장 중심의 지역사 교육을 통한 문화유산 정보 올바르게 알리기에 기여할 수 있다고 판단된다. 이야말로 '지역사 어떻게 가르칠 것인가?'라고 하는 지역사 교육방법에 대한 근본적인 해결책이라 할 수 있다.

1. 경포대의 역사적 의미와 가치 알아보기

1) 인문·자연적 배경

누대는 단순한 목조건축물로서의 의미 외에도 주변 환경, 이용하였던 사람들이 추구하고자 했던 의도 등을 고려한다면, 다른 중요한 가치를 함께 가지고 있는 고건축물이다. 이에 누대 건립의 배경 역시 그것을 중심으로 한 주변 환경, 그곳을 이용한 사람들과 그들이 남긴 여러 기록들의 검토를 통해 설명할 수 있다.

강릉 경포대의 주변 지역은 강원 영동지방에서도 경치가 빼어난 석호인 경포호수를 비롯한 심산유곡(深山幽谷)이 많이 있고[1] 그 중 강릉 경포대를 비롯한 강릉지역은 관동의 제일 명승지이다. 또한 옛날부터 휴양지 또는 중앙관직에서 퇴관한 후 고향에서 여생을 보낸 인물들이 다수 거쳐 간 곳이기도 하다. 강릉출신 인물로는 어촌 심언광, 삼가 박수량, 사휴 박공달, 율곡 이이, 향호 최운우 등을 꼽을 수 있는 데, 이들은 기묘사림, 또는 유현으로 지역 사람들에게 귀감이 되었던 인물들이다. 백문보, 안축 등은 고려 후기의 대표적인 유학자들이며, 성현, 신광한, 이수광, 윤증, 송시열, 김창흡 등은 조선조의 대표적인 성현들이다. 지역 내외를 막론하고 이들은 모두 경포대를 찾아 자연 풍광을 음미하며 학문을 닦고 마음을 수양했었다.

그들의 인식은 시문을 통해 알 수 있는데, 이이가 10세때 지은 경포대부에서는 경포대 주변의 자연풍광을 읊으면서 봄은 춘신(春神), 여름는 염신(炎神), 가을은 금신(金神), 겨울은 음기(陰氣)로 비유하며 부를 지었다. "이에 난대에서 시를 읊으니[於是蘭臺詠賦] 초 양왕의 바

---

1) 李重煥, 『擇里誌』, 山水篇 참조.

람이 상쾌하고[快哉楚襄之風]"라는 구절은 송옥(宋玉)의 풍부(風賦)에 의하면, 초나라 양왕이 난대의 궁전에서 노닐다가 불어오는 바람에 옷깃을 헤치면서 "아 상쾌하구나, 이 바람이여. 나는 이 바람을 서민과 함께 즐기고 싶구나[快哉此風 寡人所與庶人共者邪]"[2]라고 했던 구절과 비유할 수 있다. 이 내용에는 어린 나이임에도 불구하고 율곡 이이의 선민의식이 담겨져 있다.

또 김창흡의 '경포대를 지나며'라고 하는 시에는 그가 이곳으로 유배와 지내면서 승려들이 참선하는 것과 같이 그도 경포대의 경치를 감상하며 승려들처럼 참선하는 심정을 표현하고 있다.[3]

이처럼 두 시문을 예로 들어 설명하였지만 여타의 많은 시문에서도 경포대를 찾는 사람의 심경이 잘 기술되어 있다. 때로는 정치적 타격으로 조정에서 물러나면서 그 안타까운 심정을 추스르는 내용, 또 경포대에서 맑은 경포호수를 내려다보며 무욕의 마음을 가다듬고자 하는 의미 있는 표현[4]들이 구사되어 있는 것으로 보아 사객들은 경포대를 심성을 가다듬고 스스로를 위로하는 곳으로 이용하였던 것이다.

한편 강릉출신으로 중앙에서 관직을 지냈던 인물들 중에서도 낙향한 후 경치 좋은 곳을 찾아 정자를 짓고, 시를 읊고, 문객을 접대하였던 사례들이 있다. 중종 때 심언광은 관리로서 재직 중 김안로의 용서를 주청하였다는 명목으로 파직되었으며, 이후 고향인 경포호수 부근

---

2) 『임하필기』 37권 봉래비서(蓬萊秘書) 경포대(鏡浦臺), 대관령(大關嶺) 시문에서 율곡 이이의 경포대부에 대해 주석한 내용은 다음과 같다. "난대에서 …… 상쾌하고 : 송옥(宋玉)의 풍부(風賦)에 의하면, 초나라 양왕이 난대의 궁선에서 노닐다가 불어오는 바람에 옷깃을 헤치면서 '아 상쾌하구나, 이 바람이여. 나는 이 바람을 서민과 함께 즐기고 싶구나[快哉此風 寡人所與庶人共者邪].'"

3) 『三淵集』 卷8, 詩「過鏡浦臺」.

4) 『修堂集』 卷6,「鏡浦臺重修記」.

에 해운정(海雲亭)을 짓고 은둔적인 생활을 하였으며, 박수량과 박공달은 형제로서 동시에 문과에 합격하여 관직에 있던 중 기묘사화를 당하고 은퇴하여 쌍한정(雙閒亭)을 짓고 학문을 토론하면서 자적한 생활을 하였다. 그 외에도 최운우는 향호정(香湖亭)을 짓고서 그곳에서 후학을 양성하며 학문에 심취하였다.

강릉은 성현의 고장이라 하여[5] 많은 문장가들이 이곳을 방문하여 경관이 수려한 곳을 찾아 풍류를 즐겼다. 그리고 중국을 비롯한 외국 사신들이 찾아와 경치를 관람하고 유람을 즐겼던 곳이기도 하다.[6] 또 강릉지역은 다른 지역에 비해 계와 같은 결사체들이 많이 형성되었고, 이러한 결사체들은 경치가 수려한 장소를 골라 정자를 건립하고, 그곳을 춘하추동의 회합장소로 활용하였다.[7]

경포대 역시 관아 성격의 건물이지만, 활용에 있어서는 관인들에게만 한정되지 않았던 것으로 보인다. 가령 『동호승람』에 의하면, "강릉지역에는 경갑계(庚甲契)가 있는데 이 계는 갑계로 마을 선비 13명이 '글로써 벗을 모으고 벗으로서 어진 덕을 쌓는다'는 뜻으로 윤달(13이라는 숫자가 1년 12개월보다 하나가 많아 계원의 수가 13명이다)에 경포대에 모여 계원 상호 결속을 다지며 그 사실을 계첩에다 적었다. … 〈중략〉 … 그믐과 초하루에 모였다. 그리하여 세월의 변화 속에서 할 일을 하였다. 그 후 자손들이 계첩을 이어 받아 계속하여 전해 내려오니 그 자취가 아직까지 남아 있다"[8]라고 전하는 사실을 통해 경포대가 관뿐만 아니라 지역민들의 다양한 형태의 모임장소로 널리 이용되었음을

5) 『東湖勝覽』, 古蹟條.
6) 『增修臨瀛誌』 叢話編, 江陵古籍保存會, 1933.
7) 李揆大 · 林鎬敏, 『江陵의 樓亭資料集』, 江陵文化院, 1997, 11~15쪽.
8) 『增修臨瀛誌』, 江陵古蹟保存會, 記事條, 1933.

확인할 수 있다.

한편 강릉 지역의 지세는 태백산맥이 북에서 남으로 통과하면서 영동·영서의 분수령을 이루고 산맥 동편은 급경사를 이루고 곳곳에 평야가 있으며 태백산맥을 수원으로 하는 하천은 동해로 유입되고, 동쪽은 바다에 접해 있다. 강원도는 험준한 산악이 많지만 이 지방[강릉]은 비교적 얕은 산과 평야지대로 경치가 뛰어난 곳이다.[9] 강릉지역은 고성, 양양, 삼척 등 다른 영동지방보다도 덜 험준하고 작은 규모의 평야가 곳곳에 존재하고 있으며, 따라서 해안을 끼고 있는 명소와 태백산맥의 줄기에 산재해 있는 계곡을 중심으로 산자수명한 명승지가 있으며,[10] 특히 해안과 접해 있는 석호인 경포호수는 산수가 잘 조화된 명승지로 강원도 영동지역에서도 으뜸으로 여겼다. 청담 이중환의『택리지』산수편에는 경포대를 "한나라 고조의 기상과 같아서, 활발한 가운데에도 힘이 있고 능숙하고, 요원한 가운데에도 안온하여 무엇이라 형용할 수 없다"[11]라고 극찬하였다.

이러한 자연지세의 우수함으로 인해 현재까지 경포호수 주위에는 12개의 정자가 있으며 지금 존재하지 않는 것까지 합치면 16개에 이른다. 그리고 전포(현재의 사천진리 해안부근), 풍호, 향호 등이 있는데, 여기도 역시 다수의 누정들이 존재했거나 남아 있다.[12]

또한 이 지방의 기온은 해양성 기후의 영향과 태백산맥이 서북풍을

---

9) 『臨瀛(江陵市·溟州郡)誌』, 臨瀛誌增補發刊委員會, 1975, 48쪽.

10) 이 지방의 湖水와 작은 沼들은 무려 9곳이다(鏡浦湖, 香湖, 楓湖, 浦, 天雲池, 龍池, 古阜沼, 九龍沼, 武陵潭), 그리고 九龍瀑布, 玉泉瀑布, 二布가 있으며, 溪谷으로는 小金剛 溪谷, 大關嶺 溪谷, 武陵潭 溪谷 등이 있다(『臨瀛(江陵市·溟州郡)誌』, 臨瀛誌增補發刊委員會, 1975, 56~58쪽).

11) 李重煥, 『擇里誌』, 山水篇.

12) 李揆大·林鎬敏, 앞의 책, 1997, 11~15쪽 참조.

막아주기 때문에 여름은 시원하고 겨울은 따뜻한 편이어서 사시사철 독서를 즐기고 풍류를 즐기기에는 금상첨화인 기상조건을 가지고 있었기에 뒤로는 동산을 두고 앞으로는 바다나 호수를 두는 형태의 누정들이 많이 건립되어졌다.

그러므로 경포대는 단순히 경치를 관람하고 풍악을 즐기기 위한 장소가 아니었다. 경포대의 건립 또는 중수, 그리고 온전한 유지는 이 지방에 관리로 부임해 오는 관원들에게 있어서 지역민들의 평온함과 지방관의 안정적인 지역 통치의 상징성을 부각하는 매체로 활용하였다. 이 점은 1897년 강릉군수 정헌시에 의해 경포대가 중수될 때 수당 이남규가 지은 중수기를 통해 확인할 수 있다. 중수기에 의하면, "이 지방[강릉]의 부로(父老)들이 그 자제들과 더불어 말하기를, 나는 전에 이 경포대가 흥성할 때를 보았었는데 지금 다행히도 이를 다시 보게 되었다. 그런데 보면 언제나 방대부가 투호하는 병과 화살을 갖추거나 풍악을 이끌고 나와 이 경포대에 와서 놀기라도 하면, 그런 때에는 반드시 조야가 편안하고 날씨 또한 순조로워서 우리 백성들 역시 노래하고 즐기면서 걱정스러운 기색이 없었다. 그러나 그렇지 않을 때는 이것과는 반대였다. 나는 이 때문에 이 경포대가 흥성하냐 쓸쓸하냐를 보고 우리 백성들이 편안한지 편안하지 않은 지를 점치는 것이다. 그러니 너희들은 이 경포대가 단지 놀이 장소라고만 생각하여 우리 백성들과는 상관없는 것이라고 여기지 말아라"[13]라고 하였다.

이에 강릉 경포대의 자연·인문적 배경을 몇 가지로 요약하면, 첫째, 석호인 경포 호수, 그리고 호수 넘어 송림과 동해바다의 활달함, 대 서쪽의 울창한 송림과 멀리 보이는 태백준령, 일출과 월출의 명소로서의

---

13) 『修堂集』 卷6, 「鏡浦臺重修記」.

자연적 특성, 둘째, 앞서 언급한 수려한 경관을 갖고 있는 특성상 심신을 단련할 수 있는 적합성으로 인한 고대 신라 화랑의 심신 수련 장소, 셋째, 고려 후기 이후 주자 성리학이 보급 확산되면서 자연의 조화미를 감상하면서 선비의 덕목을 쌓으려는 지식인들의 행동양식, 넷째, 조선조에 들어오면서 관사로서의 활용 증대, 즉 관찰사를 비롯한 외부에서 내방하는 관원들의 접빈 공간, 다섯째, 지역 내 지식인들의 회합의 장소 등을 들 수 있다.

2) 건립과 중수 추이

누정이란 정자와 각을 칭하는 것이 일반적인데, 『신증동국여지승람』의 누정조에는 누(樓), 정(亭), 대(臺), 각(閣), 헌(軒), 청(廳), 관(館), 관(觀), 방(房) 등을 무릇 칭하고 있으며, 『구임영지』 누정조에는 정, 대, 당(堂), 헌, 암(巖), 동(洞), 단(壇) 등으로 구분하여 기록하고 있다. 이것을 종합하여 보면, 대는 대개 자연히 높은 언덕이나 또는 돌 혹은 흙으로 쌓아올린 곳을 말하기 때문에 누각·누대라고 칭한다. 하지만 누각이나 누대 외에도 정자를 포함하여 지칭하기도 한다. 이와는 달리 남성위주의 휴식, 강론, 음영 그리고 집회의 장소로서 누정은 대체로 벽을 치고 있지 않고 사방의 자연경관을 조망할 수 있도록 건축되었음이 상례이었으나 정기적인 집회가 이루어지는 즉 계와 같은 결사체들에 의해 건축되어진 것은 거의가 마루와 방을 동시에 축조하여 날씨의 변화와 기능의 다양화에 부응할 수 있도록 건축하였다.

따라서 누정 또는 누대라 함은 경관을 조망하기 편리한 높은 곳의 대나 바위를 비롯하여 인위적으로 돌이나 흙을 쌓아 올린 곳을 말하며, 개인 및 단체 등의 집회, 강회, 휴식, 접객 그리고 정기적인 회합의 공간으로서 건립되어진 정자, 누대, 누각 그리고 성의 문루로 정의 할 수 있다.

강릉 경포대는 처음부터 현재와 같은 누대가 있었던 것은 아닌 듯하다. 경포대를 비롯한 경포호수 주변과 강릉의 승지는 신라 때 화랑들의 수련처로 널리 알려진 곳이다.[14] 그러므로 화랑들의 심신수양의 장소로 활용되었던 시기의 경포대는 누가 있었다기보다는 조망권이 확보된 돈대(墩臺)이면서 심성을 수양할 수 있었던 곳으로 보이며, 이후 차츰 작은 규모의 정자를 지었던 것으로 보인다.[15]

1349년(충정왕 1) 가을 이곡은 금강산에서부터 영동 동해안을 따라 남쪽으로 여행하면서 경포대를 관람하였는데, 그의 여행기에 의하면, "강릉존무사인 성산 이군이 경포에서 기다리고 있었다. 배를 나란히 하고 강 복판에서 가무를 즐기다가 해가 서쪽으로 넘어가기 전에 경포대에 올랐다. 경포대에 예전에는 건물이 없었는데, 근래에 풍류를 좋아하는 자가 그 위에 정자를 지었다고 한다. 또 옛날 신선의 유적이라는 석조(石竈, 돌 아궁이)가 있었는데, 아마도 차를 달일 때 썼던 도구일 것이다"[16]라고 전한다.

이러한 사실은 장유의 「경포대중수기」에서도 확인할 수 있다. 중수기에 따르면, "이곳은[경포대] 바로 신라 사선 가운데 한 사람인 영랑이 노닐던 옛 터로서 누대 건축은 고려조에 이미 세워졌으니 바로 당시 강원도 안렴사로 있던 박숙이 창건한 것이다. 당초 이곳에 누대를 짓기 위하여 땅을 고르다 문득 옛 초석이 발견되었는데 이는 어느 시대에 있었던 건물인지는 자세하지 않으나 대개 상당히 오래된 것임을 알 수 있다"라고 하였다.

---

14) 『保晩齋集』 卷9, 「鏡浦臺記」.
15) 『東文選』 卷68, 「江陵鏡浦臺記」.
16) 『稼亭集』 卷5, 「東遊記」.

따라서 1326년(충숙왕 13) 경포대가 창건되기 이전에 이미 건축물이 존재하였음을 시사한다. 그러나 구체적인 정황을 확인할 수 없는 상태이고 이후 기록에 경포대 창건 사실이 전하고 있어 일반적으로 경포대는 1326년 안렴사 박숙에 의해 창건된 것으로 인식하고 있다.

박숙은 인월사 터 부근에 승지를 감상할 수 있는 선비들의 수양처인 누대를 창건하기에 이르렀다. 경포대 창건 사실은 고려 말 안축이 지은 「경포대기」에 기록되어 있는데, "경포대에는 예전부터 정자가 없어서 유람하는 자들이 안타깝게 여기므로, [박숙]이 고을 사람들에게 명하여 그 위에 작은 정자를 지었으니 자네[안축]는 나[박숙]를 위하여 기문을 지으라"하였다고 한다.

한편 1454년(단종 2) 완성된 『세종실록지리지』에는 "경포가 강릉부 동북쪽 10리에 있으며, 옆에 봉우리가 있고, 봉우리 위에 정자가 있다"[17]라고 하는 사실만 기록하고 있어 건립시기와 규모 그리고 위치를 파악할 수는 없다.

경포대는 창건된 이후 이건과 수차례 중수과정을 겪는다. 특히 이건과 관련된 사실이 전하고 있는데, 1508년(중종 3) 강릉부사 한급에 의해서 옛터에서 지금의 장소로 이건되었다고 한다. 이처럼 경포대가 현재의 자리로 옮겨지게 된 까닭에 대해서는 당시 강릉부사였던 한급이 풍수지리에 능통한 자로서 강릉에는 대가호족(大家豪族)이 내내 위세를 떨치고 군치(郡治)를 함에 관의 명령을 좌우함이 산수에 의한 그들의 선조명묘(先祖名墓)의 발응이라 하여 경포를 중심으로 한 명묘압기(名墓壓氣 : 명성이 있고, 운이 강한 인물의 묘의 기운을 눌러 이 지방에서 인재가 배출되지 못하도록 하는 것)의 야심으로 경포대를 이건하

---

17) 『世宗實錄地理志』江原道 江陵大都護府條.

였다[18]고 한다.

그러나 이 이건 사실에 대해서는 이견이 있다. 이견의 핵심은 1927 년 간행된 『강원도 명소구적』과 1929년경 간행된 『강릉생활상태조사 보고』에 기록된 내용이 전설과 구전에 의해 편찬된 내용이고, 또한 옛 기록과 상이함을 지적하여 사실이 아님을 밝히고 있다.[19] 그러나 앞서 밝힌 바와 같이 1930년대 중반 경에 간행된 사찬읍지인 『동호승람』에 서는 이건 사실을 기록하고 있다. 한편 강재항(1689~1756)이 지은 「오 대산기」에 의하면, "한급은 강릉부사로 있을 때 밤에 대관령에 올라 강릉의 산수를 바라다보며 한탄하기를 이 땅은 인재가 성하는 연유가 있으니 철정으로 산맥을 끊어버려야겠다"[20]라고 전한다. 따라서 전설 또는 구전에 의한 기록이라는 이유로만 그것을 사실이 아니라고 단정 하기는 석연치 않은 점이 있다.

사실 앞서 제시한 이유로 부사 한급이 경포대를 이건하였다고 한 내 용은 구전에 의한 것으로 확실한 증거로 삼기는 어려운 점이 있다. 그 러나 인월사 인근에 경포대를 창건하였다는 구전, 그리고 지형적으로 경포호수는 현재의 규모 보다는 훨씬 넓어 그 주위가 30리에 달한다 고 하였으며, 또 호수를 내포와 외포로 구분하였던 점 등을 종합적으 로 보았을 때 옛 경포대 터로 추정되는 지역은 인월사 부근 지역의 높

---

18) 「彼韓汲者 果何人哉 韓汲爲臨瀛府 夜登大關嶺 望臨瀛山水歎曰 此地人才之盛有 由也 以鉄釘盡截其山脉」(『東湖勝覽』 卷2, 形勝 ; 『立齋先生遺稿』 卷12 「伍臺山 記」) ; 「경포대부근의묘지」에 의하면, "경포대는 강릉제일의 명소로서 현재 경포 대의 부근에는 호족의 선조 묘들이 많다. 즉 그 호족의 자손이 영화가 있으면 선 조의 묘지가 명소가 되고 경포대의 정기를 제압하는 연유가 되는 고로 대를 과 거의 위치에서 현재의 위치로 이건하였는데 그 이유에 근거하였기 때문이다"(『강 릉생활상태조사보고서』).

19) 강릉시, 『강릉 경포대 수리보고서』, 2008, 50~51쪽.

20) 『立齋先生遺稿』 卷12, 「五臺山記」.

은 산봉우리로 내·외포를 모두 조망할 수 있는 곳이다. 내·외포를 모두 조망할 수 있는 터가 곧 경포대의 옛터인 것이다. 따라서 중종조 한급에 의해 경포대가 현재의 위치로 이건되었다는 내용은 달리 해석해야 할 것으로 보인다.

분명 한급의 명묘압기에 관한 기록이 전해지고 있는데, 마침 1524년(중종 19) 경포대가 화재로 주방만을 남기고 소실된 사실[21]에 주목하지 않을 수 없다. 경포대가 화재로 소실되기 10년 전은 기묘사화가 발생된 해로 이때 강릉 출신인 박수량, 박공달 등 기묘명현들은 사화에 연루되어 관직을 사직하고 낙향하여 운둔 생활을 하고 있었다. 명묘압기를 목적으로 이건하였다고 하는 것을 달리 보면, 한급과 강릉과의 부적절한 관계 때문이 아닌가 여겨진다. 한급은 강릉부사로 재직하면서 당시 강릉최씨인 원정 최수성을 사위로 맞이하였다. 한급은 강릉부사로 부임하여 청백당(淸白堂)을 짓고 스스로 높은 체 하다가 얼마 안 되어 뇌물을 받은 죄로 처벌되었다.[22] 1510년(중종 5) 한급은 관물인 면포 150필로 양곡을 산 일이 강원도 관찰사 안윤손에게 발각되어 파출되었다.[23] 이에 한급의 장오를 고발한 자는 강원도사의 마두(馬頭)였는데, 이때 그의 어머니는 한급을 고발한 자는 곧 본도 도사가 거느리고 다니는 역자(驛子)인데, 지금 도사로 하여금 추국하게 하면 한 쪽 말만 들을 의심이 없지 않다고 하며 다른 예에 의하여 따로 조정 관원을 보내어 추문해 줄 것을 상언하였고 이에 대해 임금은 경차관 윤세호로 하여금 추문하게 하였다.[24]

---

21) 『中宗實錄』 중종 19년(1524) 갑신년 3월 19일(甲申).

22) 『練藜室記述』 卷8, 中宗朝故事本末, 己卯薰籍, 崔壽峸條.

23) 『中宗實錄』 중종 5년(1510) 경오년 1월 16일(癸酉).

24) 『中宗實錄』 중종 5년(1510) 경오년 2월 11일(丁酉).

그러나 강릉사람 백여 명은 한급의 비리는 판관 유식의 모함에 의한 것이므로 자손이 금고된 것을 풀어줄 것을 요청하였다.[25] 한급 또한 비리 죄에서 벗어나고자 강릉 유생들이 과거를 보려고 서울에 모이게 되자, 자기 집으로 초대하여 후히 대접한 후 연명으로 자기의 원통을 호소해 줄 것을 유도하였으며, 이에 진사 최세덕·박언충은 곧 한급의 사위인 최수성의 친척으로 한급의 요청대로 다른 사람들의 성명을 적어 상서하기도 하였다. 또한 일찍이 박수량을 초대하여 상소를 짓도록 강박하였었는데 그는 사절하였다고 한다.[26]

따라서 한급의 장오 죄에 대한 지역민들의 엇갈린 대응과 그의 온당하지 못한 처사로 인해 지역 내에서 그에 대한 인식이 부정적으로 작용하였을 것이고 이에 경포대 이건의 사유를 명묘압기로 설정하였던 것으로 여겨진다. 이러한 지역적 정서가 반영되어 명묘압기와 같은 구전이 전승되었던 것으로 보인다. 따라서 경포대가 이건된 시기는 1524년(중종 19) 화재로 소실된 이후로 유추해 볼 수 있다.

이건 이후에도 경포대는 여러 번 개조와 중수되어 현재에 이르고 있는데 그 대체적인 현황은 다음 〈표 1〉과 같다.

〈표 1〉은 경포대의 창건과 중수과정을 중심으로 한 주요 사실들을 정리한 것이다. 수차례 중수된 경포대의 중수 시기 중 특이점은 첫째, 1508년(중종 3) 강릉부사 한급이 이건한 것과 1524년(중종 19) 강릉부사 박광영이 화재로 소실된 것을 중수한 것이다. 둘째, 1628년(인조 6) 강릉부사 이명준이 온방과 냉방을 철거한 점, 셋째, 1897년(광무 1) 강릉군수 정헌시가 득월헌과 후선함을 설치한 것을 들 수 있다.

---

25) 『中宗實錄』 중종 9년(1514) 갑술년 5월 6일(戊辰).
26) 『中宗實錄』 중종 11년(1516) 병자년 4월 12일(癸亥).

〈표 1〉 강릉 경포대 창건 및 중수 현황[27)]

시기	당시 강릉부 책임자	비고
고려 충숙왕 13년 (1326)	안렴사 박숙	창건
조선 성종(1484)	부사 이인충	중수
중종 3년(1508)	부사 한급	이건
중종 19년(1524)	부사 박광영	화재로 소실
선조 3년(1571)	부사 양사언	중수
선조 23년(1590)	부사 윤승훈	중수
선조 41년(1608)	부사 조탁	중수
인조 6년(1628)	부사 이명준	중수, 계곡 장유의 기문. 온방과 양실을 철거함
숙종 11년(1685)	부사 목임유	중수
숙종 26년(1700)	부사 허영	중수
경종 1년(1721)	부사 신탁	중수
영조 17년(1743)	부사 조하망	중수(홍수 피해)
영조 31년(1755)	부사 이현중	중수
영조 47년(1773)	부사 이득종[28)]	중수
정조 9년(1785)	현감 심명덕	중수(홍수 피해)
순조 14년(1814)	부수 윤명렬	화재로 소실되자 중수(자비로 충당)
고종 10년(1873)	부사 이직현[鉉] (은)[銀]	중수
광무 1년(1897)	군수 정헌시	중수, 후선함 득월헌 설치
1937년	군수 정연기	중수
1947년	군수 최병위	중수
1962년	시장 한동석	중수
1985년	강릉시	주변정리, 계단, 옹벽 설치

<hr>

27) 『강릉경포대수리보고서』(강릉시, 2008, 47쪽) ; 『臨瀛(江陵市·溟州郡)誌』(臨瀛誌增補發刊委員會, 1975).

28) 『保晚齋集』第8卷, 「鏡浦臺記」.

시기	당시 강릉부 책임자	비고
1988년	강원도	실측조사
1991년	강릉시	번와, 기단보수
2002년	강릉시	경사면 보강, 배수로 등 주변보수
2008년	강릉시	내부 단상 설치 및 서벽 판벽 설치

첫째 시기의 경우, 1524년 경포대가 화재로 소실된 이후 1571년 중수되었다고만 전하며, 그 중간의 사실은 확인할 수 없다. 그러나 화재 이후 기록 중, 이이의 10세작(1546년 경)으로 알려진 「경포대부」에 의하면, "화재 뒤의 건축이라 전날의 화려했던 건물을 잃어버림이 애석하지만 물 가운데 난장(蘭漿)·계도(桂櫂)에는 누가 옛날대로 고운 미인을 실었는가"[29]라는 구절이 있는 점으로 보아 화재 이후 재건축되었던 것으로 보이나 옛 화려함을 되찾지는 못했던 것으로 보인다.

둘째 시기인, 1628년 중수 시 특징은 사객(使客)들이 오래 묵지 못하도록 하기 위해 경포대에 있던 온방과 양실을 철거한 사실이다. 채팽윤의 문집인 『희암집』에 의하면, "강릉 경포대는 호수 서쪽의 언덕에 산봉우리가 있고, 봉우리 위에 대가 있으며, 옆에 약을 만들던 돌절구가 있다. 갯벌의 동쪽에 판자다리가 있는데 강문교라고 한다. 다리 밖은 죽도이고 죽도의 북쪽은 흰 모래가 5리나 된다. 모래밭 저편에는 끝없는 바다가 있는데 해 뜨는 것을 바라보는 것이 절묘한 경치이다. 호수에서는 적곡합(積穀蛤)이 난다라고 기록하면서 예전에는 경포대에

---

29) 『栗谷全書』「栗谷先生全書拾遺」卷一, 賦, 鏡浦臺賦화재 당한 뒤에 중건한 것이라 / 火後經營애석하게도 전일의 화려한 모습을 잃었으니 / 恨失前日之華構물 가운데 있는 아름다운 배에는 / 水中蘭桂누가 옛날처럼 고운 미인을 실을 것인가 / 誰載昔時之紅粧

온방과 양실이 있었는데 감사 이명준[李命俊, 1572(선조 5)~1630(인조 8)]이 철거했다. 이는 사객들을 오래 묵지 못하게 하려고 한 것이다"[30] 라고 기록되어 있다.

여기서 주목되는 점은, 언제 어떤 연유에서 온방과 양실이 설치되었는가의 문제이다. 그러나 현재의 자료로는 그 설치 시기를 정확히 확정하기는 어렵다. 다만 1524년 화재로 소실된 이후 4번에 걸쳐 중수되었던 점을 감안한다면, 이 네 번 중에 온방과 양실을 설치하였던 것으로 파악된다. 그 중에서 1524년 재건된 경포대의 모습이 매우 초라했던 점을 상기한다면, 3번의 시기로 압축하여 파악할 수 있다.

따라서 온방과 양실이 설치된 것은 1571~1608년 사이로 추정할 수 있다. 설치 이유는 이곳을 찾아오는 외부 인사들과 접빈의 주체인 지역 인사들 모두 단순히 명승지를 관람하는 것 보다는 오랜 시간 동안 이곳에 머물면서 승지의 절경을 감상하고자 한 점이 작용하였을 것으로 보인다. 실제로 경포대 주변 홍장암[조선 초기 순찰사 박신(朴信)과 기생 홍장의 애절한 사랑의 전설이 전해지는 바위]과 관련된 고사를 생각한다면, 이곳을 찾은 내외부 인사들 역시 달 밝은 밤 호수에서 한번쯤은 뱃놀이를 즐기고 싶은 충동을 느꼈을 것이며 이에 자연스럽게 하룻 밤을 쉴 수 있는 공간이 필요하였던 것이다.

그런데 문제는 이러한 현상이 지나치게 자주 있음으로 인한 폐해가

---

30) 『연려실기술』 별집 16권 지리전고(地理典故) 산천의 형승(形勝)조에서 강릉의 경포대를 언급하면서 『희암집(希庵集)』의 내용을 보충 설명한 내용이다. 희암집은 채팽윤(1669~1731)의 문집으로 목판본이며 1775년(영조 51)에 종손 채제공(蔡濟恭)이 편집 간행하였다. 「及登鏡浦臺 大海際天 羣山如畫 爽朗浩渺 不覺怳然而自失也 臺舊有溫房涼室 李按廉命俊撤去之 只堅重欒高棟 築石爲臺 上塗丹碧 左右不施窓櫳 盖令使客不得信宿 只欲爲一時登覽而已」(『希菴先生集』 卷二 詩, 瀛洲錄 蔡彭胤仲耆甫著 夕還到舅氏宅 以鏡湖辭一章 書寄百源)

지역민들에게는 상당한 부담으로 작용하였던 것으로 보인다. 이에 이 것을 철거한 사유는 사객이 오래 머물지 못하도록 하기 위함인데, 부 사는 방을 철거함과 동시에 기둥을 높게 세우고 석축을 높이 쌓았으 며, 창과 난간을 설치하지 않음으로써 사객들이 묵지 않고 일시에 관람 만을 할 수 있도록 조치하였다.

강릉부사가 이와 같은 조치를 취한 까닭은 고을 사람들이 찾아오는 많은 유람객을 접빈하면서 적지 않은 부담을 지고 있던 것을 조금이나 마 해소하고자 함이었다. 특히 1628년(인조 6)을 전후한 시기 강릉에 서는 실화로 인해 관아 건물들이 전소되는 사건이 발생되었다. 이명준 의 전임관인 정운호는 첩의 자식을 풀어놓아 수없는 폐단을 일으켜 경 내의 원성이 자자하였으며, 더욱이 오래된 관사인 임영관(臨瀛館)과 군 기(軍器)가 화재로 전소되는 지경[31]에 이르렀다. 이에 부사 이명준은 사객의 숙식으로 인한 화재 발생을 미연에 방지하고자 이와 같은 조치 를 취했던 것으로 여겨진다. 따라서 당시 강릉부사는 소실된 관사의 중건에 동원되어야 할 부민들의 접빈에 대한 부담을 덜어 줌과 동시에 관사를 화재로부터 예방하고자 하는 차원에서 온방과 양실을 철거하 였던 것이다.

다음으로 1897년 군수 정헌시에 의해 중수될 때 후선함과 득월헌이 설치된 사실이다. 『수당집』에 수록된 「경포대중수기」에 의하면, "정사 의 규모는 대략 몇 개의 기둥으로 이루어져 있는데 전에는 모두 다락 이 있었으나 다만 동쪽의 다섯 기둥에만 없었다. 이번에는 그 가운데 의 세 칸에다 다락을 올렸는데, 전의 다락에 비하여 높다. 그리고 남쪽 과 북쪽에 각각 층루 한 칸씩을 만들었는데, 남쪽은 '득월헌'이라 하고

---

31) 『國譯承政院日記』 인조 5년 정묘년 12월 1일(갑오) ; 『仁祖實錄』 인조 5년 정묘 년, 12월 25일(무오).

북쪽은 '후선함'이라"[32]고 하였다.

당시 설치된 득월헌과 후선함은 지금까지도 큰 변화 없이 유지되고 있는데, 1897년에 이르러 이와 같이 정면부에 구조적 변화를 꾀한 까닭은 무엇일까? 전해지는 기록상으로는 구체적 이유를 찾을 수 없지만, 1800년대 후반 강릉 지역의 사회상과 관련한 몇 가지 사실을 통해 이와 같은 구조적 변화를 꾀한 것으로 보인다.

첫째, 군수의 입장에서 강릉향교를 중심으로 한 신·구유간의 갈등 양상 또한 지역 통치에 있어서 걸림돌로 작용하였을 것이다. 신향들의 경우 신분을 상승시켜 가는 과정에서 삼가첨보(蔘價添補)나 승향봉뢰(陞鄕捧賂)와 같은 부정적인 방법을 통해 추진하고 있었고, 구향들의 경우는 향교 소유 토지에 대한 경작권과 향교 직임 등에 대한 기득권을 고수하려는 입장이 대립하였다.[33]

둘째, 향교를 중심으로 한 사족간의 갈등과 이에 대한 관의 통제력 약화로 인해 재지사족들은 향촌활동에 있어서 새로운 변화를 도모하였는데, 그것은 사족계 결성을 통한 누정 건립의 주도로 나타났다. 이와 같은 현상은 사족간의 결속 강화 형태로 보이나 문제는 결속의 형태에 있어서 동류의식과 사회적 관계를 지나치게 중시함으로 인해 지역 내 사족간의 통합적 결속보다는 분파적 결속으로 나타났다. 이에 가춘계(佳春契), 문생계(門生契), 모선계(慕先契), 취영계(聚瀛契) 등과 같이 결성의 주체와 성격들이 각기 다른 형태의 결사체들이 출현하였

---

32) 『修堂集』 6卷 「鏡浦臺重修記」.

33) 『備邊司謄錄』 164, 正祖 6年 5月 11日 참조 ; 林鎬敏, 『朝鮮後期 江陵地方 士族의 鄕村活動에 대한 硏究』, 韓國精神文化硏究院 韓國學大學院 박사학위논문, 2004, 135쪽.

다.[34] 이와 같은 사족 결사체와는 달리 19세기 이후 강릉지역에는 문학동호회 성격의 단체들이 조직되었다. 즉 지역 또는 계층별로 여러 음사(吟社)들이 활발히 조직되면서 이들 중심의 한시문학이 매우 활성화되기도 하였다.[35]

셋째, 1894년 2차 갑오동학농민전쟁 당시 강릉을 비롯한 영동지역 일대에는 동학교도들이 출현하여 지역민들에게 적지 않은 혼란을 야기시켰다. 1896년 당시 실상은 읍민(民邑) 간에 온갖 폐단이 함께 일어나고 민소(民訴)가 들어와서 백성들이 불화하고 정령이 통하지 않는 경우가 있어 당시 강릉군수 이계흥(李啓興)은 고을 일을 잘 아는 이와 촌의 노성(老成)한 이들을 불러 모아 고을의 폐단을 구별하고 조사하였다. 조사 내용인 즉 비적들이 소란을 일으키는 때에 민간에서 수탈당한 공전(公錢)과 사환미(社還米)를 거듭 징수하는 폐해와 백징의 발생하였다고 한다. 특히 비적 수천 명은 1895년 음력 12월부터 1896년 5월까지 여섯 달 동안 부내에 모여서 발호시령(發號施令)을 마치 관장(官長)과 같이 하고 공전(公錢)을 거두어들이는 것을 제멋대로 하였다고 한다. 이에 백성들이 그 위협을 두려워하여 혹 집을 버리고 숨어들어가 피하고 혹 짐을 들고 달아나서 부내에 빈 집이 반이고 외촌에 열 집 가운데 아홉 집이 비어있으므로 군수가 부임한 뒤로 불러 모으는 명령을 누차 신칙하고 백성들을 안무할 방책을 지시하였다.[36]

---

34) 林鎬敏, 위의 논문, 2004, 135~136쪽.

35) 『臨瀛(江陵市 · 溟州郡)誌』(臨瀛誌增補發刊委員會, 1975).

36) 『度支部內部公文來去牒』(청구기호 奎17881 책수 제2책)「江原道 江陵郡守 李啓興이 匪賊들에게 약탈당한 公錢과 社還米穀과 續結한 땅이 없음에 白徵하는 폐단을 빨리 조처하고 指令을 내려 주기 바란다는 質稟을 해 왔기에 措處해 주기 바란다는 照會 제203호」, 발신자 內部大臣署理內部協辦 申奭熙, 수신자 度支部大臣署理度支部協辦 金在豊, 발신일 1896년 11월 6일.

이상에서 언급한 몇 가지 지역사회의 변화 양상은 당시 군수가 득월 헌과 후선함을 조성하게 되었던 배경이라 할 수 있다. 그것은 각각을 설치하고 그것에 대한 의미를 부여한 내용을 통해 설명할 수 있다. 득월헌에 대해서는 "대저 저 달로 말하면 눈이 있는 자는 누구나 그것이 비어서 밝은 것이라는 것을 알며, 신선으로 말하면 그 존재 여부는 알 수 없지만 만약 있다면 신선의 마음은 반드시 담연(淡然)하여 욕심이 없을 것이다. 그런데 지금 그 밝음[明]과 무욕(無慾)의 근본을 추구코 자 하면서 달과 신선을 그 방편으로 삼아서 우선 이를 빌려서 이름으로 삼았으니, 가히 그 근본해야 할 바"[37]라고 설명하였고, 후선함에 대해서는 "대저 군자는 자신을 다스리지 못함을 걱정할 뿐 남을 다스리지 못함을 걱정하지 않는다. 그래서 말하지 않았던가, 성의로써 사물을 제어하라고. 또 말하지 않았던가, 청렴으로 자신을 단속하라고. 또 말하지 않았던가, 공심(公心)으로 일을 처리하라고. 또 말하지 않았던가, 위엄 있게 아랫사람을 거느리라고. 이 네 가지는 사람을 다스리는 가장 기본적인 방법이다. 그러나 그 근본으로 말한다면 단지 밝음과 무욕일 뿐인 것이다. 그리고 이를 다시 요약한다면 밝음의 근본은 또한 무욕일 뿐이다. 이제 이처럼 그 근본을 알았다면 장차 그가 자신을 다스림에 있어 자연 미진함이 없을 것이며, 남을 다스리는 일에 있어서도 또한 장차 넉넉하여 여유가 있을 것이다"[38]라고 설명하였다.

　　당시 강릉군수는 두 층루를 방문하는 많은 사람들에게 청렴과 무욕을 강조하고자 하였으며, 또 공사의 분별을 명확히 함으로써 관과 민 사이의 불신을 해소하고 공정한 사회 기풍을 조성하고자 하였던 것이

37) 『修堂集』 6卷 「鏡浦臺重修記」.
38) 『修堂集』 6卷 「鏡浦臺重修記」.

다. 더 나아가서는 청렴과 무욕의 상징을 조성하여 과중한 조세부담과 비적의 출몰로 혼란한 사회·경제적 위기에 직면한 읍민들을 위로하고 어루만져 주고자 하였던 것이다. 또 분파적 결속에 따른 분파적 욕구를 갖고 있는 사족들에게는 이곳에서 심신을 수양하면서 담연한 마음을 몸소 익히도록 하고자 했던 것이다.

3) 문화사적 의미

현재 경포대가 자리한 곳은 이건 후 약 500여 년이란 세월이 지났긴 하지만 그나마 아직도 우수한 자연경관을 자랑하고 있다. 경포대 앞에는 맑은 호수가 펼쳐져 있고, 그 다음에는 울창한 송림이 빼곡히 들어차 있는 초당이 있으며, 대의 동쪽으로는 바다와 호수를 연결해 주는 강문이 훤히 내다보이는 명승지이다.

고대 강릉은 예국의 땅이었고, 삼국시대 초기에는 고구려의 영토이었으나, 이후 신라세력의 확장 이래 고구려·신라의 접경지역으로서 양국 모두가 변방지역으로 인식함에 따라 군사적 성격이 강한 지역이었으나 점차 그 세력이 신라의 영역으로 편입되고 강역이 북방으로 확대[39] 되면서부터는 신라 화랑도들의 순례지로서, 명승지로서, 수련장으로서 널리 이용되었다.[40] 『증수임영지』 기사조에 의하면, "신라의 나라 풍속

---

39) 『增補文獻備考』 卷17, 輿地考.

40) 『三國史記』 卷4, 眞興王 37年條에는 「名花郎以奉之 徒衆雲集 或相磨以道義 或相悅以歌樂 遊娛山水 無遠不至」라 되어 있으며, 『三國遺事』 卷3, 彌勒仙花末尸郞眞慈師條에는 「改爲花郎 始奉薛原郞 爲國仙 此花郎國仙之始 故竪碑於溟州 自此使人悛惡更善 上敬下順 伍常六藝 三師六正 廣行於代」라 되어 있다. 또한 강릉 邑誌인 龍澤誠·金秉煥·朴元東 共編, 『增修臨瀛誌』, 江陵高籍保存會, 1933, 樓亭 鏡浦臺條에는 「峯上有石臼 世謂新羅仙人 永郞 鍊落處云」이라 되어 있다. 또한 『同書』 樓亭 寒松亭條에는 「在府東十五里 有石竈石池石井 世傳新羅仙人 永郞

에 지체가 높은 가문이나 대신들의 아들 가운데 용모가 준수하고 재주가 특출한 사람을 뽑아 화랑이라 하고 서로 교유하도록 하니 젊은 재사(才士)들이 구름처럼 모여 들었다. 그 가운데에서도 뛰어난 인재만을 골라 왕이 작위(爵位)를 주도록 하였다. 이들을 화랑도라 하였으며 반드시 먼저 관동을 유람한 다음 조정에 들어가 벼슬을 하도록 하였으니 영랑과 술랑, 안상의 무리가 이들이었다. 부의 경내에 경포대와 한송정이 있었는데 모두 맑고 뛰어난 절경인지라 화랑의 무리들이 많이 노닐었다"[41]고 한다.

한편 경포의 수려한 자연경관은 많은 문객들을 머물게 하였을 뿐만 아니라 그들로 하여금 멋진 시 구절을 저절로 뽐내게 하였다. 이리하여 경포대에는 고려 말 강릉에서 흥학을 주도하였던 안축의 시, 세조가 강릉을 순행하며 지은 칠언절구의 한시, 율곡 이이 선생이 10살때 지었다는 경포대부 등이 있다. 이밖에도 매월당 김시습, 심언광, 손곡 이달, 가정 이곡, 백문보 등 당대를 대표하는 문인걸사들의 한시가 많이 전해지고 있다.

정철은 『관동별곡』에서 "강릉 경포대는 天下第一江山으로 이름 난 곳이며, 관동팔경 중에서도 가장 으뜸인 곳이라 극찬하면서 경포대에 올라 5里에 달하는 백사장을 한눈에 볼 수 있고 또 창해만리를 내다볼 수 있는 경치를 읊었다. 새벽이 되면 붉게 솟아오르는 '해돋이'가 바다와 하늘과 호수를 뒤 덮고 모래 위에 이채(異彩)를 드리움은 강릉

茶具」라 전해지고 있으며, 『同書』叢話編에는 「新羅國俗選貴戚大臣子 容美才茂者 爲花郞令 交年少 材傑之士 若春陵之養食客焉 就其中拔英秀 爵于王也 花郞徒 必先遊關東然後 入仕于朝 如永郞述郞 安詳之類 是也 府境有鏡浦寒松等地 皆淸幽絶景 永郞徒 多遊之至 今有石臼石竈等物」이라 기록되어 있다.

41) 『增修臨瀛誌』, 江陵古蹟保存會, 記事條, 1933 참조.

경포대가 아니고는 볼 수 없는 묘관(妙觀: 奇妙한 경관을 뜻함)이고, '달돋이'의 기관(奇觀: 특이한 경관을 뜻함)은 너무도 유명하여 해동별곡에도 전해지고 있다. 이채로운 달맞이 풍경을 월주(月柱: 마치 호수에 비친 달빛이 기둥의 모양과 같다는 뜻), 월탑(月塔: 일렁이는 호수물결 위에 비친 달빛이 마치 탑의 형상과 같음에 비유함), 월파(月波: 출렁이는 호수 물결 위 달빛이 비쳐 파도가 이는 것과 같음에 비유함)라 칭하기도 하였다. 이처럼 호수와 경포대는 인간과 조화를 이루는 자연의 성스러움을 고즈넉하게 간직한 온화하고 다정다감한 우리들의 안식처이자, 조용하면서도 광활한 자연의 오묘한 이치를 마음속 깊이 느낄 수 있는 곳이다.

이중환의 『택리지』 팔도총론 강원도 조에 따르면, "지방민들은 자주 놀러 다니기를 좋아해서 동네 노인들은 기꺼이 기악과 술과 고기를 가지고 산이나 물가에 가서 마음껏 논다. 이것을 큰일로 삼으니 자제들이 이에 감화되어"[42]라 하였듯이, 지역민들은 남녀노소를 막론하고 '호산지간(湖山之間)'에서 춤과 음악을 즐겨하는 생활관습이 평이하게 이루어졌음을 알 수 있으며, 선비나 사족들은 시를 즐기고, 학문을 토론하고, 지역사안에 관해 토의하거나 자제를 교화하였던 것으로 보인다. 또한 위의 자연적 조건과 아울러 이 지역은 예로부터 문객들이 자주 찾아들었으며, 이들 문객들과 이 지방 사족 및 문인들과의 교류는 명승지에서 주로 이루어졌으며, 이러한 행위의 장소로서의 필요성이 요구됨에 따라 '호산지간'에 대와 정자가 지어졌던 것이다. 더욱이 향민들 사이에서의 연회 등은 이러한 분위기에 영향을 받아 주로 명승지나 절경지의 정자에서 행하여 졌다.

---

42) 이중환, 『택리지』, 八道總論 江原道條.

『임영지』 풍속조에 보면, "후한서에 이르기를 이곳 사람들은 고지식하고 성실하며 탐욕이 적으며 청탁을 하지 않는다"[43]라고 전하며, 『여지승람』에는 "다박머리 아동 때부터 책을 끼고 스승을 따라 공부에 힘쓰니 경서를 읽는 소리가 마을에 가득 넘쳐 흘렀다. 이를 게을리 하는 자에게는 벌을 주었다. 또한 잔치에는 즐겁게 놀았으며 명절이 돌아오면 여러날을 먹고 마신다. 또 이르기를 고을 풍속에 노인을 공경하는 것이 있는데 좋은 날을 가려 명승지에 노인들을 초청하여 주연을 베풀며 위로하였다"[44]고 한다.

또 1937년경 심상룡이 지은 「경포대중수기」에 따르면, "대개 누대의 흥폐는 시세와 관계되는데 하물며 현재 시세로 누대를 수리한다는 것은 우리 고을에 영원히 전해질 일이며 한 세상 흥기할 일이다"고 하였다. 이처럼 경포대의 보존과 유지의 가치를 지역의 흥기에 두고 있기에 경포대의 존폐와 온전한 유지는 지역민들에게 심적 안정감을 안겨주는 상징적 존재로 여겨졌던 것이다.

경포대는 지역민들에 있어서 항상 평안함 만을 주지 않은 듯하다. 그것은 경포대가 일종에 강릉부의 별당으로서 접빈객 또는 강릉부사들의 유람처로 활용되면서 민들의 고충 또한 만만치 않았던 것으로 보인다. 『증수임영지』에 따르면, "[강릉]부에는 노닐며 감상할 곳이 많았는데 경포대, 한송정, 허리대(許李臺) 같은 곳은 관리로 이 고장에 왔던 사람들은 반드시 가서 노닐던 곳으로 말과 수레를 타고 이곳을 찾아오는 사람들이 수를 헤아릴 수 없을 정도였다"[45]한다. 그리고 강릉의 또 다른 명승지인 한송정과 관련된 내용 중에 "유람객이 많이 찾아오는

---

43) 『臨瀛誌』, 風俗條.
44) 위와 같음.
45) 『增修臨瀛誌』, 江陵古蹟保存會, 記事條, 1933.

것을 고을 사람들이 싫어하여 건물을 철거하였으며, 소나무도 들불에 연소되었다"[46] 한다. 특히 1628년(인조 6) 부사 이명준에 의해 경포대가 중수될 때에도 사객들의 장기간 유숙으로 인한 지역민들의 고통을 덜어주기 위해 겨울철에 활용되었던 온실과 여름철에 이용되었던 양실을 철거한 사실을 확인할 수 있다. 더욱이 『강릉대도호부선생안』을 참고로 1975년 간행된 『임영(강릉시·명주군)지』의 관안을 살펴본 결과, 경포대에는 대와 호수 외에 사객들의 호수 유람을 위해 유선(遊船)이 여러 차례 건조된 사실을 확인할 수 있다. 1580년 강릉부사 곽간(郭趕)이 경포에 정자선(亭子船)을 건조하였고,[47] 1590년경 강릉부사 윤승훈(尹承勳)이 경포에 정자선을 개조하였으며,[48] 1615년 강릉부사 홍경신(洪慶臣)이 경포유선(鏡浦遊船)을 만들었으며,[49] 1791년 강릉부사 유한모(兪漢謨) 역시 경포 관선(官船)을 개조[50]한 사실을 확인할 수 있다.

이처럼 경포대는 때로 지역에 과도한 부담을 안겨주는 대상으로 인식되어 내부 구조를 변경하기도 하였고, 주방과 같은 부속 시설물을 없애버림으로써 지역민들의 경제적 부담을 덜어주기도 하였는데, 이점 역시 강릉부사의 대민관(對民觀)과 지역 안정을 위한 인식의 반영으로 여겨진다.

---

46) 『稼亭集』 5卷「東遊記」.
47) 앞의 책, 1975, 479쪽.
48) 같은 책, 1975, 479쪽.
49) 같은 책, 1975, 481쪽.
50) 같은 책, 1975, 485쪽.

2. 청간정과 만경루에 대한 올바른 이해

1) 건립과 중수의 올바른 사실

청간정은 청간역[51] 옆에 있었으며, 해안가에는 기암괴석이 있었으며, 해변 위 모래는 흰 눈이 뒤 덮은 것 같고 기러기 지저귀는 소리는 주옥 위를 걷는 것 같으며, 만경대는 청간역 동쪽에 있었다고 한다.[52] 또 정명이 청간(淸澗), 청간(淸磵),[53] 창해정(滄海亭) 등으로 불리기도 한다. 그런데 이 청간정은 언제 건립되었고 현존하기까지의 과정이 어떠하였는 지에 대한 검증이 제대로 이루어 지지 않아 적지 않은 혼돈을 초래하고 있다.

『세종실록지리지』와 『신증동국여지승람』 제45권 강원도 간성군 누정조와 역원조를 살펴보면, 청간정에 대한 기사는 보이지 않고 다만 청간역 동쪽 수리(數里)에 있다는 만경루만 소개되어 있으며, 이 두 유적에 대한 시인묵객들의 주옥같은 시들만 수록되어 있다. 이처럼 『세종실록지리지』와 『신증동국여지승람』에 이미 청간역이 소개되고 있음에도 불구하고,[54] 청간정이란 정명의 누정은 확인되지 않는다. 다만 중요한 것

---

51) 『세종실록지리지』, 강원도편에 의하면 청간역은 대창도 관할 역으로 소개되어 있다. "대창도 승(大昌道丞)의 관할 역이 28이요, 대창·안인(安仁)·진부(珍富)·구산(丘山)·횡계(橫溪)·대화(大和)·방림(芳林)·운교(雲交)·목계(木界)·고단(高丹)·대강(大康)·고잠(高岑)·등로(登路)·악풍(樂豊)·임계(臨溪)·동덕(多德)·인구(麟丘)·연창(連倉)·상운(祥雲)·강선(降仙)·청간(淸澗)·죽포(竹苞)·운근(雲根)·명파(明波)·양진(養珍)·조진(朝珍)·거풍(巨豊)·진덕(眞德)"

52) 『大東地志』 江原道 杆城郡 樓亭條.

53) 교산 허균의 문집인 『성소부부고』 제1권 시부 1, 「풍악기행(楓嶽紀行)」에 의하면, '청간정(淸磵亭)에서 낮잠이 들다'라는 시제를 확인할 수 있다.

54) 『세종실록지리지』, 강원도 간성군조에 "역(驛)이 4이니, 청간(淸澗) 옛 이름은

은 『세종실록지리지』에, 간성군 남쪽 30리[55] 남빈(南濱)에 만경정(萬景亭)이라는 정자가 있음을 전하고 있으며, 『신증동국여지승람』에는 만경루가 소개되어 있는데, "청간역 동쪽 수 리에 있으며, 돌로 된 봉우리가 우뚝 일어서고 괴석이 층층이 쌓여 대(臺)와 같은데, 높이가 수십 길은 되며 위에 구부러진 늙은 소나무 몇 그루가 있다. 대의 동쪽에 작은 다락을 지었으며 대 아래는 모두 어지러운 돌인데, 뾰족뾰족 바닷가에 꽂혔다. 물이 맑아 밑까지 보이는데 바람이 불면 놀란 물결이 어지럽게 돌 위를 쳐서 흰 눈이 날아 사면으로 흩어지는 것처럼 참으로 기이한 광경이다"라고 적혀 있다.

청간정의 중건 또는 창건에 관한 내용으로는 1519년(중종 14) 간성군수 최천이 중수했다는 중수기가 있는데, 다른 기록에 의하면, 청간정은 본래 간성군수 최천이 새로이 지었으며, 물가에 있었기에 '청간'이라 하였고, 후에 이곳 즉 토성면 청간리로 옮겼던 것이다. 그 후 정양이 옛 것을 증축하였으며, 남쪽 꺾어진 곳에 작은 누각이 있는데 '만경'이라 새긴 편액이 있었다고 한다.[56]

한편 『신증동국여지승람』에 보이는 여말선초 학자 또는 문신들의 시문 속에서는 청간정이라는 표현을 확인 할 수 없을 뿐만 아니라 최천이 청간정이란 정명을 사용한 이전의 시기의 자료에서도 청간정이라는 정명을 확인 할 수 없다. 다만 1519년 최천이 청간정이란 정명을 사

청간(青間)이라"고 기록되어 있다.

55) 『세종실록지리지』를 제외한 이후의 지리지나 각종 문헌 자료에 의하면 청간역, 청간정, 만경대, 만경루는 간성군 남쪽 40리 쯤에 있다고 기록되어 있어 읍치 지역과의 거리 수치가 약간 차이를 보인다. 그러나 역시 『세종실록지리지』 간성군 남쪽 경계는 양양이며 읍치와의 거리는 40리라고 적혀 있는 점으로 보아 다른 기록과 대비한 읍치와의 거리 차이는 문제가 되지 않는다.

56) 『淵齋先生文集』 卷20, 雜著 「東遊記-自高城至杆城記-」.

용한 직후의 인물 또는 문헌 자료에서 확인할 수 있다. 1553년 강원도 관찰사를 지낸 임억령(林億齡, 1496~1568)의 문집인『석천시집(石川詩集)』, 심수경(沈守慶, 1516~1599)의 문집인『청천당시집(聽天堂詩集)』, 양사언(楊士彦, 1517~1584)의 문집인『봉래시집(蓬萊詩集)』, 송강(松江) 정철(鄭澈, 1536~1593)이 1580년 강원도 관찰사로 부임해 관동팔경과 내금강·외금강·해금강 등의 절승지를 유람하며 그 도정(道程)·산수·풍경·고사·풍속 등을 작자의 소감 형식으로 읊은『관동별곡』등에 청간정이라는 정명이 사용되었다. 따라서 청간역이라는 역명은 세종 이전부터 이미 사용되었던 것을 확인 할 수 있으나, 정명으로서 청간정은 최천이 정자를 건립한 이후부터 사용되었기에 청간정의 창건 시기는 1519년이라 할 수 있다.

그런데 유의할 것은 최천이 청간정을 중수하였다는 기록과 창건했다는 기록이 상반되고 있다는 점이다. 이에 중수에 무게를 두면, 최천은 청간역 동쪽에 이미 있었던 만경루를 중건하였다는 것이다. 즉 만경루를 중수하고 정명을 '청간'으로 고쳤다는 이야기이다. 1656년(효종 7) 유형원이 편찬한 사찬 전국지리지인『동국여지지』강원도 간성군 궁실객관조에 소개된 만경루에 관한 내용 역시 만경루와 청간정을 동일한 것으로 인식하고 있다. 유형원이 "만경루는 청간역 동쪽 수 리에 있으며, 또 청간정이라고 명명했다"[57]라고 기록한 것처럼 만경루와 청간정은 '청간'이라는 같은 정명을 사용하였던 것으로 파악된다. 그렇지만 그 다음 기사에 의하면, "석봉이 돌출되어 층층을 이루어 마치 대(臺)와 같으며 그 높이는 수 길[仞]이다. 대 위에는 구부러진 소나무 여러

---

57) 柳馨遠,『東國輿地志』江原道 杆城郡 宮室客館條.

그루가 있고 대의 동쪽에는 작은 누각[小樓]이 있다"[58]라고 적혀 있다. 그러므로 청간정과 만경루는 같이 붙어 있긴 하지만 별도의 건물로 유지되었던 것으로 보이며, 다만 『동국여지지』저자인 유형원이 전국지리지를 편찬하면서 실제 현장을 샅샅이 둘러 본 것이 아니고 다만 문헌의 기록만을 참조하였기 때문에 만경루와 청간정을 같은 건물로 파악하였던 것으로 사료된다.

창건이라는 입장에서 보면, 만경루와는 별도로 청간역 옆에 청간정을 지었던 것으로 이해할 수 있다. 이에 청간정의 정명과 관련된 다른 자료들을 살펴보면, 1712년 간행된 윤선거의 문집인 『노서선생유고속(魯西先生遺稿續)』에 수록된 「파동기행(巴東紀行)」[59]에 따르면, 비선대를 유람하고 나서 영랑호와 광호를 지나 저녁에 청간역정에서 유숙하였다고 한다. 청간역정은 안형(晏兄)[60]이 옛것을 고쳐 새로 지었으며, 동우(棟宇)는 굉장히 높으며, 특별히 작은 누각[61]을 지었는데 또한 매우 높았다고 한다. 또 창고를 지었는데 민정의 평안을 위함이라 하였다. … 〈중략〉 … 17일 아침 만경루에 올랐는데 누각은 허물어진 지 오

58) 앞과 같음.
59) 『魯西先生遺稿』는 1712년 경 목판본으로 간행된 윤선거(尹宣擧)의 문집이다. 이 책에 卷3에 수록된 「巴東紀行」은 윤선거(尹宣擧)가 1664년 형 尹舜擧와 함께 關東 일대를 유람한 기행일기이다.
60) 안형은 송강 정철의 손자 양(瀁)을 가리킨다. 자가 안숙이므로 이른 말이다.
61) 『三淵集拾遺』卷23, 記, 「雲根亭記」에 의하면 정양이 새로 지은 정자는 운근정(雲根亭)으로 추정된다. "惟杆城之淸澗亭不竸 以其處地之卑而集勝者寡也 自昔遊人之沿海者 載輿而來 興盡乎此 以爲不足留眼 其爲亭之 羞久矣 亭之南側 有樓幾間 頗宏麗 肇于鄭使君瀁時 歲久將頹矣 權侯益隆大叔莅邑三年之庚寅 謀欲重創 以書來詢于余 余答以事固有仍舊貫爲可 而一有不可者 斯役也盍圖所以突兀與蜃樓爭奇 以解遊人之嘲哉 大叔爲政"

래 되었기에 만경대라 부른다고 하였다.[62] 안형은 1665년 간성군수를 지냈으므로 청간역정은 1665년 이후 다시 지어졌으며, 청간역정 남측의 누각은 새롭게 지은 정자로 추정되며, 만경루는 허물어진 상태였던 것으로 보인다.

윤휴(尹鑴)는 1672년 7월「칠십노이전설(七十老而傳說)」과「인심안불안설(人心安不安說)」을 지어 민신(閔愼)의 상례(喪禮)가 잘못된 것임을 논하면서 송시열(宋時烈)과의 사이가 더욱 멀어진 이후 풍악산(楓岳山)을 기행하면서「풍악록(楓岳錄)」을 지었다. 이때 그는 청간정을 유람하며 이르기를 "30여 리를 와 한 곳에 다다르니 붉은 기둥으로 된 높은 누각이 바다를 향하여 있고 어촌이 저자를 이루고 있었는데 구름과 물이 시야를 가득 메웠다. 말에서 내려 난간에 올라 보니 마음까지 시원하였고, 옛날에 이른바 청간정이라는 곳이었다. 청간이라는 명칭은 역의 이름을 따라 붙여졌던 것인데 지금은 창해정(滄海亭)이라 이르고 있다"[63]라고 하였다.

남인학자 이만부(李萬敷, 1664~1732)의 문집인『식산선생별집(息山先生別集)』[64]에 수록된「지행부록(地行附錄)」에도 역시 청간정을 유람하며 시를 남겼는데, "수성[간성]에는 세 개의 호수가 있는데 영랑호는 암석이 기이하며, 광호는 혹 여은열산(汝隱烈山)이라고 불리는데 폭

---

62) 『魯西先生遺稿續』卷三「巴東紀行」"望祕仙臺 歷永郎湖廣湖 夕宿淸澗驛亭 晏兒
改舊刱新 棟宇宏隆 別建小樓 亦高爽矣 又設別倉 以便民情云 … 〈中略〉 … 十七
日朝 上萬景樓 樓廢已久 故稱爲萬景臺"
63) 『白湖全書』, 제34권 잡저(雜著),「풍악록」.
64) 『息山集』은 남인학자 이만부(李萬敷, 1664~1732)의 문집으로 그는 죽기직전인
1730년에「地行附錄」을 남겼는데, 이 기행문은 그가 각처의 명산과 도읍을 유
람하고 기록한 일종의 기행시문으로 그가 관동 지역과 금강산을 기행한 시기는
1714~1720년경 사이로 보인다.

과 둘레가 가장 넓으며, 그 북쪽의 명과 해안은 모두 명사(鳴沙)이다. 사람과 말이 명사에 오르니 명사 40여 리에 청간고역(淸澗古驛)에는 청간정이 있다"[65]고 하였다.

조병현(趙秉鉉, 1791~1849)의 문집인『성재집(成齋集)』에 실려 있는 「금강관서(金剛觀敍)」[66]는 동생 조병황(趙秉璜), 친구 이의철(李懿喆), 종자(從子) 조덕겸(趙德傔), 선노(仙奴)와 함께 금강산을 유람하면서 지은 기행문으로, 그들은 1819년 9월 6일 도성을 출발하여 10월 7일 돌아갈 때까지의 행적을 기록하였다. 이 기록에 따르면 "청간정은 푸른 바다에 임해있으며, 중년(中年)에 이건하였으며, '청간(淸澗)'이란 두 글자는 읍정(邑亭)의 옛 명칭을 취한 것으로 이내 이 정자의 제명으로 삼았다"[67]고 한다.

위 세 문헌 기록의 공통점은 청간정은 기능적 측면에서 청간역의 부속 건물로 활용되었던 사실을 설명하고 있다. 특히 조병현이 지은 「금강관서」에는 '읍정'의 옛 명칭을 취한 것이라고 부언 설명하고 있으므로 청간정은 청간역에 딸린 부속건물 또는 읍성의 부속 건물이었던 누각을 토성면 청간리 청간역 주변으로 이건하면서 명명했던 건물 명칭으로 보인다.

한편 1519년 간성군수 최천에 의해 창건 또는 중수·이건되었던 청간정은 이후 여러번 중수과정을 거쳤다. 『여지도서』 강원도 간성군 누정조에는 자연 경관상태의 만경대와 건축물이 있는 상태로 만경대 그

---

65) 『息山先生別集』 卷四, 「地行附錄-東界-」.

66) 『成齋集』은 조병현(趙秉鉉, 1791~1849)의 문집으로 이책에 수록된 「金剛觀敍」 는 동생 조병황(趙秉璜) 친구 이의철(李懿喆) 종자(從子) 조덕겸(趙德傔) 선노(仙奴)와 함께 금강산을 유람하면서 지은 기행문이다. 그들은 1819년 9월 6일 도성을 출발하여 10월 7일 돌아올 때까지의 기행을 기록하였다.

67) 『成齋集』 「金剛觀叙」.

리고 청간정이 있다고 하였다. 자연 경관 상태의 만경대는 군 남쪽 40리에 있으며, 천후산(天吼山)의 한 지맥으로 바다와 접해 있으며 석봉(石峰)은 축대와 같다고 하였으며, 건축물로 표현된 만경루는 청간정과 함께 이어져 있으며 4칸이라고 설명되어 있다. 그리고 청간정은 간성군 남쪽 40리 만경대 남쪽 1리에 있으며, 바닷물과 접해 있으므로 '청간'을 정명으로 삼았으며 예전에는 바닷물까지 불과 5~6보 정도였으며, 규모는 13칸이라고 소개되어 있다.

이후에도 여러 차례 중수 기록이 보이지만, 1884년 불타 없어진 것을 1928년 토성면장 김용집(金鎔集) 등의 발의로 현재의 정자를 재건하였다. 그리고 1953년 이승만 대통령이 동해안을 순시할 때 제1군단장인 이형근(李亨根) 장군에게 중수를 명하여, 고성군 민정관 박종승(朴鍾勝), 면민정관 윤태병(尹泰炳), 함요근(咸堯根) 등이 토지를 희사하였고, 면민과 인근 군부대의 협조로 중수하였다.[68]

그러나 1920년대 사진 자료에 의하면 청간정은 중건된 사실을 확인하기는 어렵다. 아래 사진에 의하면 청간정 건물은 확인되지 않으며 다만 현재 청간정 누각의 돌기둥으로 사용된 기둥만이 확인되며, 기둥 주변은 농경지로 변해있는 상태였다.

그리고 만경대와 청간정 암각서가 새겨진 계단바위, 만경대 암각서 아래에는 효자각이 있을 따름이다. 따라서 청간정이 1928년 중건되었다는 것은 1953년 중수된 위치로 이건·중수되었음을 말하는 것이다. 다음 사진은 1928년 이전에 촬영된 것이며, 1928년 이건·중수할 때 다음 사진에 보이는 돌기둥을 현재 청간정 위치로 옮겨 새로 지었던 것이다.

---

68) 현재 청간정 걸려있는 김형윤(金亨胤)이 서(書)한 청간정중수기(1957년) 참조.

•1920년대 촬영된 만경대와 만경루 돌기둥으로 추정되는 사진•

청간정의 창건은 1519년 간성군수 최천에 의해 이루어 졌으며, 이후 정양 등 간성군수를 지낸 인물 등에 의해 중수과정을 거쳐 유지되었으며, 1905년 을사오적의 처형을 주장하며 자결하였던 조선 후기 문인이자 순국지사인 송병선(宋秉璿, 1836~1905)이 1901년 고성에서부터 간성까지의 여행기를 정리한 「동유기(東遊記)」에 청간정 존재 사실이 기록되어 있으므로 적어도 1901년까지는 청간정, 만경루가 존재하였던 것으로 보인다.

그러나 1928년 청간정이 중수되었다는 기사로 보아 1901년 이후부터 1928년 사이에 정확한 사유는 문헌을 통해 확인할 수 없지만 바다와 불과 5~6보 접해 있었던 자연환경 조건으로 보아 풍랑과 같은 자연재해로 청간정은 흔적을 찾아 볼 수 없을 정도로 사라졌고, 만경루는 돌기둥만을 남겨둔 채 거의 훼손되었던 것으로 보인다.

그리고 1928년 중수할 때, 좀 더 자연재해로부터 안전하다고 판단되는 해안 주변 산 정상 부분으로 정자를 옮겨졌던 것으로 보이며, 객관

형태의 청간정이 아닌 누각 형태인 만경루 형식으로 신축 이건하였던 것이다. 동시에 1920년대 사진 자료를 통해 확인 할 수 있는 것처럼 누각의 돌기둥도 함께 옮겨 청간정의 기둥으로 사용하였으며, 정명도 만경루가 아닌 객관, 즉 역의 부속건물인 청간정으로 사용하였다.

현재 청간정과 그 주변 지역은 우거진 노송과 망망대해, 그리고 신평들의 어우러짐은 가히 관동제일경의 모습을 간직하고 있다. 정자의 바깥쪽으로 '청간정' 현판이 게판되어 이곳에 오르는 사람들의 시선을 모으고 있으며, 안쪽에는 이승만 대통령의 친필 휘호인 '청간정(淸澗亭)' 현판이 게판되었으며, 이와 마주하여 최규하 대통령의 '악해상조고루상(嶽海相調古樓上) 과시관동수일경(果是關東秀逸景)' 시판이 걸려 있다. 그리고 동쪽으로 청간정의 변천사를 약술한 '청간정중수기(淸澗亭重修記)'가 걸려있는데, 이 중수기는 '단기 4286년 5월 10일 청파(靑坡) 김형윤(金亨胤) 병서(幷書)'라고 하여 1953년 작성되었음을 밝히고 있다.

1519년 간성군수 최천에 의해 건립된 청간정은 읍정으로서 객사로 활용되었던 점, 청간역정으로 활용되었던 점 등으로 미루어 볼 때, 원래 청간역의 부속 건물로 역을 왕래하는 객사들이 유숙하였던 곳이었으며, 차츰 역정에서 정식 객관(客館)으로서 간성군 관속(官屬)의 읍정으로 활용되었음을 의미한다.

작은 누각 형태의 만경루는 청간정이 지어지기 이전부터 있었다. 따라서 청간정이 지어지기 이전에는 청간역 동쪽에 있던 적어도 4칸 정도 되는 작은 규모의 누각인 만경루는 객사들에게 있어서 자연적으로 형성된 만경대와 더불어 관동팔경 명승지 중에 하나로 인식되었던 것으로 보인다. 그러나 1519년 청간역 부속 건물이며 객관의 기능을 갖고 있었던 청산정이 지어지면서 많은 유람객들은 작은 누각 만경루와 충충의 돌계단으로 형성된 만경대보다는 청간정을 관동팔경 중에 하나로 더 인식하게 되었던 것으로 보인다.

2) 문헌에 기록된 청간정과 만경루

『신증동국여지승람』에는 청간정에 관한 기록은 보이지 않는다. 다만
청간역 옆에 만경루와 만경대가 있다고 전한다. 따라서 청간정 건립 이
전에는 만경대나 만경루가 명승지로 인식되었다.[69] 고려 말 문신 근재
(謹齋) 안축(安軸)과 원재(圓齋) 권근(權近) 등이 지은 시제(詩題)에 '제
청간역만경대(題淸澗驛萬景臺)'[70]라고 한 점은 위의 사실을 입증하는
것이라 할 수 있다.

한편 관동팔경을 읊은 시문으로 대표되는 것은 송강 정철이 45살
되던 해인 1580년 강원도 관찰사로 부임한 후 관동팔경을 구경하고 쓴
기행 가사인 「관동별곡」이 있다. 이 이전의 것으로는 고려 충숙왕 때의
문신인 근재 안축이 1330년(충숙왕 17) 강릉도존무사로 있다가 돌아
가는 길에 관동의 경치와 유적, 명산물에 감흥하여 지은 「관동별곡」이
있는데, 여기에는 서사(序詞)로 순찰경(巡察景), 2장은 학성(鶴城), 3장
은 총석정(叢石亭), 4장은 삼일포(三日浦), 5장은 영랑호(永郎湖), 6장
은 양양(襄陽)의 풍경, 7장은 임영(臨瀛), 8장은 죽서루(竹西樓), 9장은
정선(旌善)을 대상으로 가사를 지었다.

한편 송강 정철 이전에 강원도관찰사를 지냈던 임억령 역시 관동지
방을 순찰하면서 관동지방의 각 명승지를 시로 읊었다. 이외에도 많은
시인묵객들이 관동지방을 유람하며 이 지역 명승지를 시로 읊었으나

---

69) 방동인, 『영동지방 역사기행』, 신구문화사.

70) 『謹齋先生集』卷1, 關東瓦注 題淸澗驛萬景臺 次許獻納詩韻 二首『圓齋先生文稿』
   卷上, 詩 次淸澗驛萬景臺韻.

근재 안축이나 송강 정철의 「관동별곡」처럼 관동지방의 여덟 명승지를 지정하여 읊은 것은 그리 많지 않다.

송강 정철은 총석정, 삼일포, 청간정, 낙산사, 경포대, 죽서루, 망양정, 월송정 등 여덟 곳을 팔경으로 읊었다. 반면에 조선 후기 자료인 『홍재전서』에 보면, 정조는 풍악에서 돌아온 사람이 나에게 관동지방 풍경을 그린 병풍을 보여주기에 그 병풍에 글을 써서 돌려보냈는데, 이때 정조가 쓴 글은 경포대, 낙산사, 만경대, 월송정, 삼일포, 총석정, 죽서루, 망양정 등 여덟 명승지에 관한 것이었다. 즉 병풍 역시 이 여덟 곳을 주제로 그려진 것이다.[71] 이처럼 1519년을 기점으로 청간정이 지어지기 이전에는 주로 청간역 또는 그 옆의 만경대를 시의 주제로 삼은 반면, 그 이후로는 청간정이 시제로 더 많이 활용되고 있었던 것으로 보인다.

그럼에도 불구하고 정조가 관동팔경 병풍도에 지어 준 시에 청간정이 아닌 만경대를 주제로 삼고 있다고 하는 점은 매우 흥미로운 사실을 말해 주는 것이다. 즉 청간역 주변 명승의 핵심은 단순히 청간정 정자만을 의미하는 것이 아닌 만경대와 만경루 그리고 바다와 기암괴석, 흰 물보라를 뿜으며 일렁이는 파도, 흰 눈처럼 빛나는 백사장, 일출, 일몰, 그리고 월출을 감상할 수 천혜의 자연 조건을 명승의 대상으로 여

---

71) 『弘齋全書』卷2, 春邸錄, 詩 "有人自楓嶽歸 以關東圖屛示余 書其屛以還 八首"
江南小雨夕嵐晴 鏡水如綾極望平 十里海棠春欲晚 半天飛過白鷗聲 鏡浦臺帖
鷺峯門對浙江潮 直欲橫流泛石橋 夜靜月明僧入定 諸天柏樹影搖搖 洛山寺帖
層溟盡處最高臺 鳴楚東南几案開 巨浸漫天天四蓋 風流太史可停杯 萬景臺帖
環亭松柏太蒼蒼 皮甲嶙峋歲月長 浩蕩滄溟流不盡 帆檣無數帶斜陽 越松亭帖
巨石含靈碧海連 尋常仙客住蘭船 丹書古壁知何世 回笑麻姑綠鬢年 三日浦帖
高高亭子入蒼空 削立蓮花大匯中 箇箇六稜森似束 誰知造化自鴻濛 叢石亭帖
雕石鐫崖寄一樓 樓邊滄海海邊鷗 竹西太守誰家子 滿載紅糚卜夜遊 竹西樓帖
元氣蒼茫放海潯 誰人辦此望洋亭 恰如縱目宣尼宅 宗廟宮墻歷歷經 望洋亭帖

겼던 것이다.

송환기(宋煥箕, 1728~1807)의 기행문인 「동유일기(東遊日記)」에 의하면, 청간정은 역로 옆에 있으며 역점을 지나는 바, 모두 객관이 있는데 청간정은 객관으로서 마치 호수 안에 있는 원사(院舍)와 같다고 하였다. 청간정 역시 객관으로 지어진 것이며, 청간정이라는 편액은 우암의 필적이라고 한다. 그리고 집과 누가 있는데 누명은 만경이며, 곁채와 이어져 있는 큰 건물이라고 하였다.[72]

이처럼 청간정은 청간역사 또는 간성군의 공관(公館)인 객관으로 지어졌으며, 만경루와는 별개의 건물이다. 따라서 청간정은 객관으로 지어져 활용되었고, 만경루는 객관 곁에 있던 그야말로 명승지를 조망할 수 있는 누각으로 활용되었던 것이다. 그리고 바닷가 쪽 가까이 언덕 위에 있는 현재의 청간정은 1920년대 이후 과거 누각의 돌기둥을 옮겨 새로 지은 것이다.

3) 서화에 그려진 청간정과 만경루

『세종실록지리지』나 『신증동국여지승람』에 전하는 만경루의 규모는 작은 누각 수준이었던 것으로 추정된다. 즉 청간역 동쪽에 있던 적어도 4칸 정도 되는 작은 규모의 누각으로 만경루를 묘사하고 있다. 한편 『여지도서』에 소개된 만경루의 규모는 4칸, 청간정의 규모는 13칸이었다. 이러한 기록을 반증해 줄 수 있는 참고 자료로는 서화를 꼽을 수 있다.

겸재 정선(鄭敾, 1676~1759)이 그린 「청간정」(지본담채, 57.8×32.3cm, 간송미술관 소장) 그림에 의하면, 기암괴석인 만경대 우측으로 2

---

72) 『性潭先生集』 卷十二, 雜著 「東遊日記」.

• 정선(鄭敾, 1676~1759), 「청간정」, 지본담채, 57.8×32.3cm, 간송미술관 소장 •

채의 건물이 묘사되어 있으며, 건물 뒤편으로는 송림이 우거진 구릉과 나무 울타리가 둘러져 있는 어가(漁家)를 확인할 수 있다. 그림 속에 보이는 두 채의 건물은 각각 만경루와 청간정을 묘사한 것으로 추정된다. 겸재의 그림 외에도 강세황(姜世晃, 1713~1791)이 그린 「청간정」(18세기, 지본수묵, 48×33cm, 국립중앙박물관 소장) 그림과 허필(許佖, 1709~1768)이 그린 「관동팔경도」(18세기, 지본담채, 42.3×85cm, 선문대학교박물관 소장) 속의 청간정, 작자미상의 「청간정」(18세기, 지본담채, 22.5×31.5cm, 시화첩 관동십경 수록작품, 규장각 소장) 그림 속에도 각각 두 채의 건물이 그려져 있으며, 특히 규장각 소장인 18세기 작자미상의 그림을 보면, 좌측에는 방이 있는 형태의 청간정, 우측에는 누각 형식의 만경루가 각각 그려져 있어 앞서 소개한 세 그림 속의 두 채의 건물 중 좌측은 청간정, 우측은 만경루임을 알 수 있다.

　겸재 정선의 그림 속에 보이는 건물의 형태는 각각 팔작기와지붕이며, 청간정으로 추정되는 건물은 섬돌 위에 측면 3칸 형태의 건물로 묘사되어 있으며, 만경루로 추정되는 건물은 돌기둥 위의 누각형식으로

• 강세황(姜世晃, 1713~1791), 「청간정」, 18세기, 지본수묵,
48×33cm, 국립중앙박물관 소장 •

정면 5칸, 측면 2칸 정도로 그려져 있다.

겸재 그림에서와 같은 건물 형태는 강세황의 작품에서도 확인할 수
있다. 강세황의 그림으로는 건물의 형태를 확연히 확인할 수는 없지만,
건물의 외형적 구조를 간략히 살펴 볼 수 있다. 즉 청간정은 섬돌 위에
세워진 형태이고, 만경루는 돌기둥 위의 누각 형태이다. 특히 강세황의
그림에서 특징적인 것은 청간정, 만경루 외에 청간역사에 관해 매우 세
밀하게 그려져 있어 청간역사의 규모나 형태를 확인할 수 있다는 점이
다. 청간역사의 전체 형태는 회랑 형식과 같은 방형이며, 지붕은 초가
로 추정되며, 역사 주변으로는 민가가 그려져 있어 청간역사 인근의 밀
집된 주거 상태를 확인할 수 있다.

또한 경관적 측면에서 강세황의 작품을 살펴보면, 현재의 강원도 고
성군 토성면 청간리 일대의 지형 및 조망권을 확인 할 수 있다. 청간정

과 만경루 앞쪽의 경관은 창해의 동해 바다와 바다 가운데 있는 죽도와 해안가의 바위들이 자세히 묘사되어 있어 청간정의 우수한 자연경관을 살필 수 있다. 또 청간정의 북쪽 천진 쪽의 자연경관도 그려져 있어 18세기 이 지역의 자연 경관 상태를 면밀히 검토 할 수 있다.

허필(許佖, 1709~1768)이 그린 「관동팔경도」(18세기, 지본담채, 42.3×85cm, 선문대학교박물관 소장) 속의 청간정의 모습은 누각 형식의 만경루가 앞쪽에 배치되어 있고, 청간정은 그 뒤쪽에 그려져 있다. 이러한 배치는 만경루의 경우 조망을 할 수 있는 형식의 건물인 점과 백사장과 바다를 조망하였던 정황, 그리고 청간정은 객관으로서의 용도

• 작자미상, 「청간정」, 18세기, 지본담채,
22.5×31.5cm, 시화첩 관동십경
수록작품, 규장각 소장 •

• 허필(許佖, 1709~1768), 「관동
팔경도」, 18세기, 지본담채, 42.3×
85cm, 선문대학교박물관 소장 •

를 표현한 것으로 해석된다.

한편, 주변 경관의 경우, 기암괴석인 만경대는 그려져 있지 않으며, 건물 뒤쪽으로 노송과 어촌지역 민가들의 모습들만이 그려져 있어 경관적인 면에서 여타의 그림과는 매우 차이를 보이고 있다. 특히 허필이 그린 그림을 보면, 건물 가까이에 어부들이 배를 타고 고기잡이를 하는 모습이 그려져 있으며, 청간정과 만경루가 바닷가와 아주 가까운 곳에 자리 잡고 있는 사실을 표현하였다.

확인된 고서화 중에서 청간정과 만경루의 위치를 정확이 표현한 것은 18세기 경 그려진 것으로 추정되는 규장각 소장의 작자미상,「청간정」그림이다. 규장각 소장 작자미상의 청간정 그림 속에는 만경대, 청간정, 만경루, 청간리와 천진항 포구 등이 아름답게 묘사되어 있다. 특히 이 그림에서는 두 건물의 명칭을 그림 속에 표시해 놓고 있어서 만경대 주변에 청간정과 만경루가 별개의 건물로 존재하였음을 확인할 수 있다.

여타의 그림과 같이 청간정은 방을 가지고 있는 정자이고, 만경루는 돌기둥 위의 누마루 형식을 취하고 있다. 또 경관적인 측면에서 보면, 기암괴석인 만경대 위에 세그루의 노송이 묘사되어 있어 마치 문헌에서 설명하였던 것처럼 사송(蛇松)의 자태를 뽐내고 있다. 이 역시 만경대 일대의 우수한 자연·경관적 요소를 묘사하고자 했던 작자의 의도로 여겨진다.

한편 19세기 경 백운이란 화가가 그린 「간성 청간정」(지본담채, 43× 32.5cm, 시화첩 관동팔경 수록작품, 관동대학교박물관 소장)의 그림은 앞서 설명한 그림과는 사뭇 다른 모습이다. 그 까닭은 바다 가운데서 육지로 들여다보며 그렸기 때문으로 보인다. 따라서 청간정은 우뚝 솟은 봉우리 정상부에 노송들과 함께 묘사되어 있으며, 이 일대의 장관이라고 할 수 있는 기암괴석이 전면부에 그려져 있다. 이 점은 이 일

• 백운(白雲), 「간성 청간정」, 19세기, 지본담채, 43×32.5cm
(시화첩 관동팔경 수록작품), 관동대학교박물관 소장 •

대의 경관적 특징이 인위적으로 건립된 목조 건물이라기보다는 자연
그대로의 모습인 층층이 쌓아 올린 듯한 돌계단과 울창한 노송의 군
락, 그리고 넘실대는 흰 포말을 일으키는 파도 등에 중점을 두었기 때
문으로 보인다.

한편 주변에는 두 개의 암각서가 전해지고 있는데, 하나는 '만경대'이
고 하나는 '청간정'이다. 송환기의 문집인 『성담선생집』에 수록된 「동유
일기」에 전하는 '만경정'[73]이라는 편액 글씨는 현재 확인되지 않으며,
다만 층층이 쌓아 올린 것과 같은 돌계단, 즉 만경대 옆의 세 개의 돌
이 층층을 이루고 있는 곳에 종으로 '청산성'이라는 글씨가 새겨져 전

---

73) 『性潭先生集』卷12, 雜著「東遊日記」.

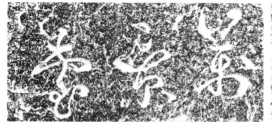

• 봉래 양사언의 필적으로 전해지는 '만경대' 암각서 •

• 우암 송시열의 필적으로
전해지는 '청간정' 암각서 •

해지고 있다. 그런데 봉암(채지홍, 1683~
1741)의 시문집인 『봉암집』 권13, 「동정
기」(경신년, 1740)에 의하면, 우암의 필
적인 제액이 정당에 있었으나 10여 년
(1730년 경) 전[74] 강원감사로 왔던 어떤
인물이 누상에서 제액을 철거하였으며,
이후 사본으로 대신하였다[75]고 한다. 1730년을 전후해 강원감사를 역
임했던 인물은 이형좌(1728년 3월~1730년 9월), 이진순(1730년 9월~
1731년 7월) 2명이다.[76] 이에 누상의 제액을 철거한 인물은 신확의 사
위인 이진순으로 추정된다. 이진순은 노·소론의 격한 정쟁의 한 사건
인 신임사화(1721~1722) 때 소론이었던 인물로 이러한 당색의 차이로
인해 1730년 9월 강원감사로 부임한 이후 노론의 영수인 우암과 관련
된 필적을 제거했던 것으로 보인다.

---

74) 봉암 채지홍이 관동지방을 유람한 시기는 경신년(1740) 4월이다(『鳳巖集』 鳳巖
年譜[下] 참조). 따라서 『봉암집』, 「동정기(경신)」 기록에 10여 년 전이라 함은
1730년 경이다.

75) 『鳳巖集』 卷13, 「東征記(庚申)」.

76) 『關東誌』, 「方伯題名錄」 참조.

현재 만경대 바위에 암각되어 있는 '청간정'이란 암각서는 강원감사에 의해 훼손된 우암의 필적을 영구히 전래하고자 하는 목적에서 각자(刻字)되었던 것으로 보인다. 한편 또 다른 암각서인 '만경대'는 『수성지』를 비롯한 지역 자료에서 봉래 양사언의 필적으로 전해지고 있다.

이상에서와 같이 문헌에 나타난 청간정의 규모와 그림 속에 보이는 청간정 일대의 모습과 건물 규모를 살펴본 결과, 대체로 만경대 좌측 즉 남쪽으로 정자형태의 청간정이 있었다. 그 옆에 누각 형식의 만경루가 있었던 것으로 보이며, 특히 겸재, 강세황, 규장각 소장의 작자미상의 세 그림의 경우 건물의 모양과 위치 그리고 주변의 우수한 경관을 매우 사실적으로 묘사하고 있어 건물의 형태나 규모를 대략 추정할 수 있다. 따라서 『여지도서』에 기록된 건물 중 청간정이 13칸의 큰 규모로 설명되어 있는 것은 청간역사와 그 부속건물 성격인 청간정을 표현한 것으로 보이며, 3칸의 건물은 누마루 형식의 만경루를 표현한 것으로 이해된다.

그러므로 청간역사는 회랑처럼 둘러져 있는 방형의 초가집 형태이고, 청간정은 섬돌 위에 건립된 것으로 벽체가 있으며 방이 딸려 있는 묵을 수 있는 공간 형태이며, 마지막으로 만경루는 사방이 확 트여져 있는 돌기둥 위에 세워진 누마루 형식의 건물이었다.

3. 근·현대 강릉 중심부의 공간구성

1) 근·현대 강릉의 행정편제의 변화

(1) 행정구역의 변화

갑오개혁 이전에는 부사 한사람이 모든 것을 관장하고 다스렸으나 이후부터는 군청, 경찰서, 재판소를 두어 사무를 각각 나누어 보게 하였다. 1895년(고종 32) 을미개혁으로 칙령 제98호에 의하여 강원도에는 강릉부와 춘천부가 신설되었고, 각각 9개군과 13개군을 관할하였다.

강릉부에 속해 있던 9개군은 강릉군·울진군·평해군·삼척군·고성군·간성군·통천군·흡곡군·양양군이었다. 강릉관찰부 소속 직원은 관찰사(칙임 3등 이하 또는 주임 2등 이상)와 참서관(주임 4등 이하) 각 1인, 주사(판임) 13인, 경무관(주임 4등 이하) 1인, 경무관보(판임) 1인, 총순(판임) 2인 이하였으며, 소속 군에는 군수(주임 3등 이하) 1인을 두었으며 이외의 직원 수는 별도로 정하였다. 이듬해에 다시 참서관을 군수(郡守)로 바꾸었다. 한편 1896년 양력 7월 25일 농상공부대신(農商工部大臣)의 관리(管理)에 속하였던 전보(電報)에 관한 일절사업(一切事業)을 집행(執行)하는 전보사 관제가 공포되었을 때 전국을 1등급지와 2등급지로 구분하였는데 강릉은 충주, 홍주, 공주, 전주, 남원, 나주, 제주, 진주, 고성, 대구, 안동, 춘천, 개성, 해주, 평양, 강계, 함흥, 갑산 등과 함께 2등급지로 분류되었다.[77]

---

77) 『官報』 建陽元年 七月 二十伍日 음력 1896년 6월 15일(1896년 양력 7월 25일) 한편 一等은 한성, 인천, 원산, 부산, 의주, 경성, 경흥, 회령 등 8곳이었다.

대한제국의 성립과 함께 각종 관제가 개정되었다. 국왕은 먼저 지방 관제의 개정에 착수하였다. 갑오개혁 때에는 종래의 전국 8도제를 23 부제로 개편한 것인데, 이를 다시 개정하여 建陽 원년(1896) 8월 4일 칙령 제36호로 수도 한성부를 제외한 전국의 행정구역을 13도 7부 1 목 331군으로 구분하였다. 13도제 하에 놓이게 된 강릉은 4등급지에 해당되는 지방이었다.

1910년 9월 30일 〈조선총독부지방관제〉가 공포됨에 따라 지방행정 은 도·부·군·도·면으로 구분되었다.[78] 강릉군은 1913년 행정구역 병 합으로 북일리면·북이리면·남일리면을 군내면(郡內面)으로 통합하였 고, 1914년 4월에는 남이리면을 성남면으로, 가남면을 하남면으로 개 칭하였다. 1916년에는 군내면을 강릉면으로 개칭하였으며, 1920년 11 월에 성남면·덕방면·자가곡면(월호평리·신석리) 일부를 병합하여 성 덕면으로 개편하고, 하남면의 일부가 정동면으로 편입되었다. 1931년에 는 강릉면이 강릉읍으로 승격되고, 1938년 9월에는 정동면이 경포면 으로 개칭되었다.

〈표 1〉 증수임영지에 기록된 신·구 관공서 현황

옛 관공서 현황	1933년 당시 관공서 현황
칠사당, 내아, 향청, 장관청, 군관청, 군기청, 작청, 부사, 사령방, 관노방, 사대	강릉군청, 강릉경찰서, 함흥지방법원강릉지청, 강원도립의 원, 영림서, 삼림보호구, 측후소, 우편국소(국 1, 소 2), 토목 관구, 강원도수산시험장, 공립농업학교, 공립보통학교, 공립 여자실수학교, 공립심상소학교(2), 사립유치원(4), 식산은 행지점, 금융조합(4), 경성전매국출장소, 곡물검사소, 등대, 강원도수산회, 원산세관출장소, 읍면사무소(읍 1, 면 11), 경찰관주재소(13), 어업조합(5), 신명신사(2)

---

78) 1913년 10월에는 제령 제7호에 의한 부제(府制)의 실시, 1915년 5월에는 도제(道 制), 1917년 6월에는 훈령 제1호에 의한 면제(面制)를 실시하였다.

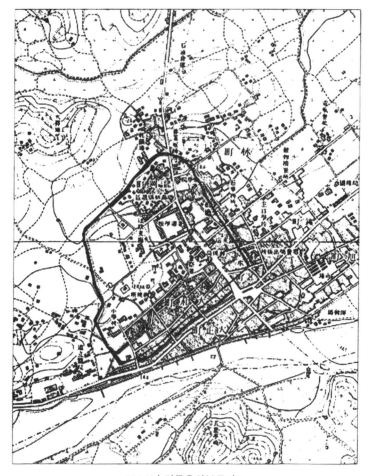

•1933년 강릉읍치부근지도•

(자료: 이준선, 「영동지역 읍치의 입지와 경관」, 『문화역사지리지』 22권 3호, 2010, 64쪽)

1930년대 강릉군의 중심은 강릉면이었고, 중심부에 위치한 강릉시장(江陵市場)은 약 2,460평으로 당시의 지명으로 本町, 旭町, 大正町 일부인 현재의 옥천동, 남문동 가구골목 지역을 포함하고 있었으며, 시장외에도 상사주식회사, 은행업, 금융조합, 중매업 12인, 대금업(貸金

業), 제조업, 여인숙(35), 음식점, 소매업 950인 등 도합 약 1,123명의 상인이 종사하고 있었다고 한다.

1955년 9월 1일 강릉읍과 경포면, 성덕면을 병합 법률 제369호로 강릉군이 강릉시로 승격되면서 기존의 강릉군은 명주군으로 개칭되었는데, 도심과 주변지역은 강릉시(洞 지역), 읍·면 지역은 명주군이 포함되었다. 강릉시와 명주군이 분리되기 전 강릉군은 강릉읍, 주문진읍, 묵호읍, 성산면, 왕산면, 구정면, 성덕면, 강동면, 옥계면, 경포면, 사천면, 연곡면, 현남면의 3개읍 10개면 196개리가 있었다. 당시 강릉군의 군청 소재지는 강릉군 강릉읍 성내동 3번지에 위치하고 있었다.[79] 당시의 강릉시 행정구역은 38개동 489개반이었다. 강릉읍이 시로 승격함에 따라 성덕면과 경포면이 시에 병합되고 강릉군은 명주군으로 개칭되었다. 2013년 기준 강릉시는 모두 8개읍면 13개의 행정동으로 구성되어 있다.

1995년 강릉시·명주군 통합직전 강릉의 도심권은 중앙시장 및 자유상가 밀집지역인 상권 중심 지역과 시청이 위치한 행정경제의 중심지구로 구분되었다. 한편 '남문'이라는 동명는 18세기 중후반부터 '남문외리'라는 모습으로 사용되다가 1955년 강릉시 승격으로 정식 행정동명으로 남문동이 사용되었으며, '명주'라는 법정동 역시 같은 시기에 사용되었던 것으로 추정된다. 그러므로 행정동인 남문동과 법정동인 명주동은 조선조 이전부터 근·현대에 이르기까지 강릉의 행정, 상업 등의 중심지로서 역할 하였다.

---

79) 『군세일람』, 강릉군, 1955.

(2) 경찰 및 사법기구의 설치와 관할지역

경찰업무는 1894년(고종 31) 내무대신이었던 박영효가 경무청 기구 개편에 착수하면서 이듬해 새로운 관제를 공포하였다. 경무청은 종래 의 좌우포도청(左右捕盜廳)을 통폐합한 것이며, 지방관제가 23부제로 개혁되면서 지방경찰제도도 칙령 제101호 〈지방관제〉의 개혁안에 따라 칙령 제85호 〈경무청관제〉에 규정되어 있는 경무청 사무에 준하는 업 무를 관찰사에 속해 있는 경무관이하 경무관보와 총순이 담당하도록 되어 있었다. 따라서 강릉관찰부에서는 관찰사의 지휘·감독아래 경무 관이 해당지역의 경찰업무를 수행하였으며, 경무관보와 총순은 경무관 의 명에 따라 관할지역의 경찰업무에 종사하였다. 그리고 강릉부의 순 검(巡檢) 정원은 50명이었다.

1896년 1월 8일 제정된 내각제정 지방경찰규칙에 따라 지방의 경찰 제도가 행정경찰제와 사법경찰제도로 이원화되기 시작하였다. 따라서 행정경찰은 관찰부의 지휘를 받지만 사법경찰은 검사의 지휘감독을 받 도록 되어 있었다. 1897년 7월 3일 별순교(別巡校) 및 청사(廳使)의 증 치안(增置案)에 따라 강릉군에 각각 별순교 10인과 청사 5인이 증원되 었다. 1906년 6월 19일 칙령 제30호 지방 13도 각관찰부경무서 및 분 서 설치에 관한 건에 의해 강원도에도 경무관을 서장으로 하는 강원관 찰부 경무서를 설치하고 도내 각 지방에는 분서를 설치토록하였다. 이 에 따라 1906년 7월 6일에 강릉부에도 강원경무서 강릉경찰분서가 설 치되었는데 관할구역은 강릉, 평해, 울진, 삼척, 양양, 고성, 울릉 등 7 개군이었다. 1906년 10월 1일에 강릉경무분서 아래에 고성, 통천, 흡 곡, 간성, 양양, 삼척, 울진, 평해에 각각 분파소를 설치하였으며 관할 구역 역시 강릉경무분서에서는 강릉군을 담당하였고 나머지 군지역은 각 분파소에서 관할하였다. 1907년 12월 27일에 경찰서 구획을 개정하면서 강원도에는 춘천경찰서를 두고 그 다음으로 금성, 강릉, 울진, 원주 분서를 각각 두었다. 그리고 강릉분서에는 간성, 양양, 고성, 장전에 각각 순사주재소를 두었으나 1908년 7월 18일에 경찰서 및 경찰분서와 순사주재소에 대한 관할구역을 재개정하면서 강원도에 강릉, 춘천, 금성, 울진, 원주에 각각 경찰서를 설치하였다. 강릉경찰서는 강릉군을 비롯한 3개군을 관할하였으며, 간성, 양양, 고성, 長箭(고성군내) 등 4개소에 순사주재소를 두게 되었다. 1909년 10월 27일 강릉경찰서 내에 주문진, 양양, 간성에 순사주재소를 두도록 하였다.

1910년 강원도에도 춘천에 경무총감부를 두고 강원도경무부가 설치되었고, 춘천, 강릉, 삼척, 통천, 금성, 평강, 평창 7개 군에 경찰서를 설치하였다. 그리고 군내 각면에는 경찰주재소를 두었다. 헌병대도 설치되었는데, 강릉에도 경성헌병사령부 강원도헌병대본부인 춘천헌병대 소속의 강릉헌병분대가 주둔하였다.

1929년경 강릉지방에는 강릉경찰서가 읍내에 있었고, 안목에 강릉경찰서 출장소를 설치하였으며, 주문진, 연곡, 사천, 정동, 성산, 왕산, 고단, 구정, 성덕, 강동, 옥계, 망상에 등 12개소에 순사주재소를 두었다.

그리고 제2차 갑오개혁에서 중요한 의미를 지닌 중앙관제 개혁 중의 하나는 바로 사법제도의 개혁이었다. 제1차 내정개혁 과정에서 사법제도는 의금사(義禁司) 이하 재판소는 정부에 귀속시켜 행정관으로 하여금 재판업무를 겸임케 하였다. 그러나 제2차 개혁에서는 1895년 3월 법률 제1호로 〈재판소구성법(裁判所構成法)〉이 공포되면서 형식적으로라도 사법권을 행정권으로부터 독립시켰다. 강릉지방에는 1895년 윤5월 칙령 104호로 강릉재판소가 설치되었다.[80] 관할구역은 강릉관

---

80) 1896년 윤5월부터 설치된 개항장재판소와 지방재판소는 총 22개소에 설치되었는데, 다음과 같다.

찰부의 관할구역과 동일하였으므로 강릉군을 비롯하여 울진군·평해군·삼척군·고성군·간성군·통천군·흡곡군·양양군 등 영동구군(嶺東九郡)이 모두 포함되어 있었다. 그러나 지방재판소 설치 초기에는 법부훈령 제2호에 의해 지방의 관찰사가 판사의 임무를, 그리고 참서관이검사의 사무를 겸임하였으며, 군 지역에는 지소가 설치되지 않아 해당군수가 재판업부를 처리하도록 하였다.

1907년 12월 23일 재판소구성법 개정에 따라 강릉에는 강릉, 간성, 양양의 3개 지역을 관할하는 강릉구재판소(江陵區裁判所)가 설치되었으며, 강릉구재판소에서는 200환 이하 금액 및 가액을 목적으로 하는소송, 건물사용이나 수선을 목적으로 하는 임대인과 임차인 간의 소송, 토지경계를 하는 소송, 고용계약에 관한 고주(雇主)와 고인간(雇人間)의 소송, 객(客)과 여점(旅占) 및 음식점 간의 숙박료 및 수제품, 금전, 기타 물품에 관한 소송, 운송비에 관한 소송 등을 처리토록하였다.

1912년에는 관할구역과 사무의 복잡함을 덜기 위하여 조선총독부재판소령을 개정하여 재판소를 법원으로 고치고 구(區)재판소·지방재판소·공소원(控訴院)을 폐지하였다. 구재판소를 폐지한 대신 지방법원과 지청에서는 단독심을 원칙으로 하였다. 따라서 강릉은 함흥지방법원 소속의 강릉지청이 설치되었는데 관할구역은 강릉, 양양, 간성 3개군이었다.

仁川, 釜山(이상 2개소는 開港場裁判所 임), 元山, 忠州, 洪州, 公州, 全州, 南原, 羅州, 濟州, 晋州, 大邱, 安東, 江陵, 春川, 開城, 海州, 平壤, 義州, 江界, 甲山, 鏡城 등이다(『法規類編』律令門 第1類, 165쪽).

2) 근·현대 강릉 중심부의 도시계획

강릉지역에서 근대적 기법의 도시계획이 처음 입안된 것은 1940년 12월 10일인데, 조선총독부 고시 1391호로 강릉읍 행정 지구 면적 21,579,350m² 중에 일부인 성남동, 교동, 옥천동, 임당동, 포남동, 홍제동, 용강동, 송정동, 남문동, 성내동 등 면적 6,540,000m²를 도심 도시계획지역으로 고시하였다. 당시 도시계획은 첫째, 시가지계획 구성을 책정하고, 둘째, 시가지 계획가로 27개 노선(대로 5개 노선, 중로 22개 노선)[81] 셋째, 토지구획정리지구(면적 약 4,670,000m²)를 결정 고시하는 내용이었다. 그리고 1942년 4월 12일 강릉읍의 상업지대인 금학동, 성남동 일부 지역에서 큰 화재가 발생하여 가옥 336호가 소실되었고, 소실지역 태반이 토지구획정리지구 밖에 위치하였기에 이에 대한 도시계획이 추가되었다. 당시 도시계획 지구를 추가한 이유는 토지 형태가 부정형하고, 건물 또한 조밀하여, 도로의 폭원 또한 협소한 곳으로서 이를 그대로 방치하면 교통, 위생, 방화에 있어서도 어려움을 면치 못할 것으로 판단하였기 때문이었다.

한편 1955년 강릉시가 개청되면서 도심권에 대한 개발이 적극 추진되었는데, 특히 현재 관아 복원지역과 관련 지역의 주요 개발현황은 다음 〈표 2〉와 같다. 다음 표에서 확인되는 바처럼, 1955년 강릉시 승격 이후 강릉의 도심지역은 간선도로의 개설과 배수로 사업이 동시 다발적으로 추진되고 있으며, 특히 1958년 3층 철근콘크리트 구조의 강릉시 구청사가 현재의 칠사당과 우체국 사이에 신축되면서 행정의 중심

---

81) 시가지계획가로는 7개 형태로 구분하였는데, 대로 제1류 34m 이상, 대로 제2류 28m 이상, 대로 제3류 24m 이상, 중로 제1류 10m 이상, 중로 제2류 15m 이상, 중로 제3류 12m 이상, 소로 12m 이하이다.

적 기능은 더욱 확대되었으며, 이로 인한 교통 수용의 증대로 남문삼
거리에서 옥천동으로 연결되는 도심의 주요 도로가 4차선으로 확장되
기에 이르렀다. 이로 인해 한국전쟁 이후 남아있던 일부 옛 관아들조차
도 도로개설로 이건되거나 해체되었던 것으로 보인다.

<표 2> 1955~1958년 강릉도심권 주요개발 현황[82]

년월일	사업내역	공사비	공사기간	비고
1955	성남동내 하수도 개수공사	500	1956. 5. 3.~6. 29.	연장 520m
	성내 · 임당동 간선도로	1,260	1956. 11. 5.~1957. 1. 30.	연장 696m
1957	성내~옥천동간 간선배수로암거공사	2,450	1957. 8. 20.~11. 20.	연장 696m
	성내~남문동간 도시계획사업도로개수	654.85	1957. 9. 13.~ 1958. 10. 27.	연장 440m
1958	시청 신축 (3층, 철근콘크리트 구조)	7,109	1958. 7. 16.~1959. 2. 18.	연건평 430평

1967년 내무부에서 시행한 행정구역 일제조사에 의하여 강릉시의
행정구역면적이 종전보다 1,800,009m²가 증가한 75,063,774m²로 늘
어남에 따라 도시계획 면적도 75,063,774m²로 편의상 수용하면서 도
심지역은 주거지역과 상업지역으로 구분하였으며, 특히 상업지역은 업
무, 교통, 상업, 지역사회 중심지로서 기능을 유지하였다고 볼 수 있다.
한편 일제강점기 이후 도심지역의 인구추이를 보면, 1912년 강릉군
전체의 인구현황은 11,464가구에 56,511명이었는데, 강릉군 읍내의 인
구는 563가구에 2,208명이었고, 1929년 강릉읍의 인구는 2,290가구
에 11,912명이었다. 1933년에는 강릉읍의 인구가 2,827가구에 14,150

82) 강릉시, 『강릉시세』, 1959, 59~60쪽 참조.

명이었다. 특히 이 시점에 이르러 강릉읍내의 생활여건이 개선되면서 도시시설의 일본식화가 본격적으로 진행되었다고 할 수 있다.[83]

〈표 3〉 1967년 도심지역에 대한 도시계획상의 구분

지역	관계 동	면적(m²)	지정이유	현황
주거 지역	홍제, 임당, 용강, 옥천, 교동, 포남, 초당, 송정, 견소, 내곡, 회산, 노암, 입암, 청량, 두산, 죽헌, 운정, 난곡	10,261,000		
상업 지역	명주, 성내, 임당, 금학, 성남, 용강, 옥천, 교동	904,000	업무중심지, 교통중심지, 상가중심지, 지역사회 중심지	현 도심지역

1920년대 도심 인구는 11,912명이었는데 점차 증가하여 1970년대 초 74,645명으로, 이후 급격히 증가하여 1980년대 116,903명에 달하였으며, 이는 2000년 172,131명까지 증가추세를 보여 왔으며, 2000년대 이후에 도심개발의 확대와 관공서의 도심 외곽으로의 이전, 그리고 전국적인 현상 중에 하나인 지방인구 감소현상 등으로 인해 (구)도심권의 인구는 감소 추세이다. 특히 남문동 및 명주동의 인구분포는 구 강릉시청 및 주변 공공기관의 밀집시기와, 이러한 공공기관의 강릉시 전역으로 분산된 시기에 따라 인구밀도의 차이를 보이고 있다. 즉 1975년경 인구는 구강릉시청을 중심으로 하여 가장 높은 인구밀도를 보이다가, 행정서비스 및 그와 관련된 기능이 급격히 분산되면서 인구도 따라서 밀도가 낮아지는 현상[84]이 나타났다.

83) 『창조도시 추진을 위한 명주동 · 남문동 일대 역사인문자원 연구조사용역 보고서』, 강릉시 · 관동대학교 영동문화연구소, 2013.
84) 김남인, 『도시공간구조 변화특성에 관한 연구』, 상지대학교 박사학위논문, 2007.

한편 도로에 관한 사항을 개략적으로 살펴보면, 1910년대 강릉읍성을 중심으로 한 가로 형태를 보면, 칠사당 앞을 지나는 동문지와 남문지를 연결하는 소로와, 동문지와 북문지를 연결하는 소로의 가로 및 세로 십자형의 축을 중심으로 일부 소로와 연결 형태를 지니고 있었으며, 1930년대에는 이러한 도로체계가 조금 더 다양하게 얽혀 점차 내부격자형을 일부 보이기도 한다. 강릉읍성 내에 위치해 있어 강릉도심의 중심지 역할을 해온 남문 및 명주동 일원은 일제강점기 이전에는 관아지구와 주거 및 상업지구로 구분할 수 있다. 특히 주거 및 상업지구인 남대천 북쪽에는 일제강점기에 일본인이 대거 거주함에 따라 일본식 건물이 증가하였다. 그러나 해방 후 근대화 과정을 거치면서 주거양식이 점차 변화하여 1970년대 이후부터 현대식 건물이 증가하였다. 이 과정에서 상가가 밀집하게 되고, 주거와 상가가 혼재한 현대의 도시모습을 갖추면서 오늘에 이르고 있다. 현대에 있어서 도로체계는 인구의 증가로 인한 상가 및 주거지구의 규모화로 인하여 단순십자 및 격자형태가 더욱 복잡 세밀하게 전개되어 불규칙한 격자형 및 미약한 방사형을 띠고 있다.[85]

현재 강릉시의 교통구조는 간선광역교통망으로 영동태백선과 같은 철도망, 영동고속도로, 동해고속도로, 6번 국도 및 7번 국도, 35번 국도, 59번 국도, 지방도 410호선이 통과하고 있다. 강릉시가지 교통체계의 특성은 불규칙한 격자형체계를 갖추고 있으며, 외곽으로는 방사형 체계를 구축하고 간선도로와 잦은 지방도로와 접속체계를 이루고 있다. 시가지내 도로는 동서로 중앙로축과 교동로축이 동서방향의 주간선을 이루고 있으며, 남북으로는 남대천을 연결하는 교량을 중심으로 3개의

---

85) 김홍술, 『강릉도시변천사』, 강원대학교 박사학위논문, 2006.

남북간선체계를 형성하고 있다. 특히 도심지역인 남문 및 명주동의 경우 영동고속국도 및 지방도 415호선 및 35번 국도의 연결지점인 홍제동과 접하고 있으며, 국도 7호선과도 접하고 있다. 내부교통망으로는 중앙로와 접하는 칠사당 앞 대로, 남북으로는 남산교를 지나는 대로, 그리고 남대천 이면도로를 중심으로 격자형의 내부도로가 불규칙하게 분포해 있다.

3) 전통 관아시설의 해체와 공간 재구성

1895년 5월 일본군이 동학당을 토벌하면서 언급한 지방의 실정 보고에 관한 내용 중 군현제와 관아 정비와 관련된 내용을 보면, "첫째, 縣의 수효가 매우 과다하다. 경제적이지 못한 것 같으니 오히려 병합하는 것이 득책일 것이리라. 둘째, 관아의 문이 너무 많은 것 같다. 무엇

•1930년 강릉측후소에서 내려다 본 관아 전경•

때문인지 모르겠다. 하나는 평민들이 드나드는 문, 하나는 귀족이 드나드는 문, 하나는 관리가 통행하기 위한 문과 같은 것들이다. 그리고 이들 문은 모두 파손되어 있고 수리를 하지 않았다. 외견상으로도 매우 보기 흉하다. 셋째, 지방관의 사무실을 고치지 않으면 안 되겠다. 공무

•① 1920년대 강릉군청 전면 모습•

•② 1930년대 이후 강릉군청(현 한국은행 자리)•

•③ 1930년대 이후 강릉군청•

를 집행하는 한편 손님이 왔을 때 음식을 내놓는 것은 물론 잠자는 것
도 여기서 하고 먹는 것도 여기서 한다는 것은 공사를 혼동시키는 것
이라 하겠다[86]" 등을 언급하고 있다.

　이러한 언급은 읍치지역에 산재해 있는 전통적인 관아 시설의 불편
성과 비효율성을 지적한 것으로 이해된다. 즉 이러한 주장은 전통적인
관아 시설을 근대적인 시설로 대체함으로써 전통적 도심공간 구조를
근대적이며 계획적인 공간으로 재구성할 필요성을 제기한 것으로 이해
할 수 있다.

　그런데 강릉지역에서 전통적인 공간구성이 해체되기 시작한 시기는
대체로 1930년대 후반부터라고 여겨진다. 왜냐하면 『증수임영지(1933
년 간행)』나 1933년경 강릉읍성과 관련된 지도에 의하면, 이 시기 이
미 상당수의 새로운 공공기관이 강릉지역에 설치되었음에도 불구하고,

---

86) 「東學黨征討略記」 1895년 5월 後備步兵 獨立第19大隊.

기존 대부분의 관아시설은 해체되지 않고 그대로 존속하였으며, 또 활용 가능한 공간에 공공기관을 배치하여 활용[측후소, 보통학교, 경찰서 등]하는 한편, 강릉군청이나 강릉면(읍)사무소와 같은 건물은 관아 핵심[칠사당, 객사, 임영관 등] 지역에서 약간 벗어난 곳에 신축하였던 사실을 확인할 수 있다. 전해지는 사진 자료들에 의하면, 1920~30년대 건축되었던 대부분의 관아 건물들은 외관상 일본양식을 띄는 반면에 1930년대 이후 신축되었던 관공서의 경우는 콘크리트 구조의 건물로 지어진 것으로 여겨진다.

한편 『증수임영지』에 의하면, 칠사당은 대한제국기와 일제강점기 때 헌병분대가 주재하였으며, 때로는 군수 관사로 사용하기도 하였다. 이 밖에도 내아는 학교조합사무소, 향청은 측후소, 장관청(將官廳)은 우체국장 관사, 군기청(軍器廳)은 소학교로도 사용되다가 1930년경 군청 부속 건물로 쓰였고, 작청(作廳)은 한때 강릉군청 건물로 사용하다가 명주조합으로 사용하였고, 부사(府司)는 우편국으로 쓰였으며, 사령방(使令房)과 관노방(官奴房)은 경찰관원의 관사로 쓰였다고 한다. 따라서 앞에 언급한 관아들은 1930년대까지 옛 건물 상태를 유지하면서 활용되었던 것으로 보인다.

그리고 일제강점기 읍성 내 주요 관공서가 활용된 사례를 보면, 1896년 9월 17일 소학교령에 의거 강릉공립소학교가 개교한 이래 강릉보통학교로 개편되기 전까지 객사가 교사로 활용되었다. 강릉우체국은 1895년 5월 26일 농공상부 분과규정 칙령 127호, 125호로 우체사관제를 공포하고 우체사 설치를 공고한 후, 1895년 6월 1일 칙령 125호로 강릉우체사의 관제를 제정 공포하였다. 1896년 7월 23일에는 칙령 4호로 전보사 관제를 제정할 때 2등사로 강릉전보사가 공포되었다. 1898년 1월 5일부터 업무가 개시되었는데, 부사와 장관청을 공공건물로 활용하였다.

• ① 1920년대 강릉 군내면사무소 •

• ② 1930년대 강릉읍사무소 •

강릉기상대(측후소)는 1911년 10월 강릉측후소라는 이름으로 신설되었는데, 신설 초기에는 칠사당 우측에 있었던 향청을 업무공간으로 사용하다가 1942년에 이르러 일부 건물을 증축하였다. 현재 한국은행이 있는 자리에 있었던 강릉군청은 1920~1930년대 사이에 건축되었는데 일본식과 서양식을 절충한 근대건축 양식으로 지어졌었다. 강릉군청으로 사용하던 건물은 1955년 이후 명주군청으로 이용하다가 철거한 후 한국은행 강릉지점이 들어섰다. 그런데 현재 전해지고 있는 강릉군청과 관련된 사진 자료는 3건이 있는데, 이중 2건은 동일한 건물인 반면에 1건은 건물의 전면부가 매우 다른 형태로 확인되고 있다. 이에 처음 강릉군청은 일본식 건축양식으로 지어진 것으로 여겨지며, 그 이후 신축된 것은 일본식과 서양식을 절충한 형태로 지어졌던 것으로 보인다. 특히 절충한 양식의 건축물은 기본형태가 위엄이 있으며 또 좌우 대칭형의 외관을 갖고 있다. 건물의 전체 높이는 약 10m 정도이며 지붕은 모임지붕형태로 금속제 지붕재료를 사용하였다. 측면에는 출입구를 설치하고 창문을 8개씩 설치하였다.

또 일제강점기 강릉군청 건물 옆(현재 대한투자신탁 건물 부근)에는 강릉면[읍]사무소가 따로 있었고 강릉면사무소 건물 역시 2건의 사진 자료가 확인되는데, 각각 모양에 차이가 있다. 1920년대 것으로 추정되는 강릉군 군내면사무소는 일본식 건물로 2층이며, 반면에 강릉읍사무소는 2층이며, 콘크리트로 지어졌으며, 지붕은 모임지붕형태로 금속제 지붕재료를 사용하였다.

현재 KT 자리에 있었던 것으로 추정되는 함흥지원 강릉지청 건물 경우 1930년대 사진 자료가 전해지는데, 단층으로 일본식 건축양식으로 지어졌다. 강릉지청은 1908년 1월 재판소법에 의해 경성지방재판소 강릉구재판소가 설치되었다가 1909년 11월 통감부재판소설치법에 의해 경성지방재판소 춘천지부 강릉구재판소로 변경되었다. 이후 일제강점기때인 1910년 함흥권으로 편입되어 함흥지방법원 강릉지청으로 변경되었다. 이후 해방을 맞으면서 1945년 춘천지방검찰청 강릉지청과 춘천지방법원 강릉지원으로 명칭이 변경되었다. 1971년 용강동에서 교동으로 청사를 옮기고 그 자리에 강릉전신전화국이 개국하게 되었다.

기타 시설로는 1913년 10월 1일 관립 자혜의원이 창설되어 강릉지역 주민들에게 의료 혜택을 제공하였다. 1919년 4월 5일 강원도립 강릉의원으로 개칭, 1934년 8월 10일 본관 2층으로 신축하여 이전하였으며, 1946년 5월 1일 강원도립 강릉병원으로 개칭하였다. 1963년 6월 1일 강릉간호기술고등학교병설, 1964년 11월 10일 병리실험실 및 혈액은행 개설, 1983년 7월 1일 지방공사 강원도 강릉의료원으로 전환, 1987년 7월 1일 본관 신축 이전(80병상, 5개 진료과), 1987년 12월 13일 종합병원으로 승격되었다. 1992년 2월 15일 본관 증축(102병상, 10개 진료과), 1998년 2월 5일 본관 증축(132병동, 14개 진료과), 2003년 10월 27일 개방병원으로 지정되었으며, 2012년부터 병원 건물의 신축과 개보수가 진행되어 2013년 병원 개원 100주년을 기념하여 준공하였다.

강릉사범학교는 1946년 7월 20일자로 문교부로부터 설립인가를 받고 초대 교장 대리에 강릉공립고등여학교(현 강릉여고) 원흥균(元興均) 교장이 취임하여 초급반 1학년 2학급, 2학년 1학급, 3학년 1학급을 선발하여 1946년 9월 12일에 신입생 입학식을 거행하였다. 당시 교사(校舍) 사정이 좋지 않아 제1교사는 일제 때 일본인 아동과 특수층의 자녀가 다니던 심상고등소학교 자리(지금 명주초등학교 자리)에 있었고, 제2교사는 실천여학교 자리(옛 중앙초등학교)를 사용했는데,남녀공학이라는 제도가 없어 제1교사(校舍)는 남학생, 제2교사는 여학생이 사용하였다. 그리고 같은 해 10월에 당시 초급반 2학년 1학급과 사범과 1학년 남, 여 각 한 학급씩을 증모하여 1946년 11월 11일 개교하였다. 1950년 6월 5일에는 사범학교 및 병설중학교 입학식을 거행하였다.

그러나 입학 20일 만에 발발한 한국전쟁으로 학교는 일시 휴교에 들어갈 수밖에 없었다. 그 결과 학업은 중단되고 피난길에 올라 부산에 피난 특설학교를 설치하고 학생들은 그곳에서 학업을 계속할 수 있었다. 1955년 9월 21일에는 강릉시 용강동 47의 8번지에 위치한 육군 모 부대 공지에서 신축교사 기공식(현 강릉여자중학교 건물)을 했다. 1957년 4월 8일에는 강릉사범학교 부속국민학교(옛 중앙초등학교 자리)가 개교되었다. 그리고 1957년 7월 9일 사범학교 구교사(舊校舍)(명주초등학교 자리)에서 신축교사로 이전하고 개교기념일인 11월 11일에는 신축교사 낙성식을 거행하였다.

구 명주초등학교는 1946년 2월 22일 삼락공립국민학교로 설립인가를 받아 1946년 3월 6일 개교하였다(6학급). 1949년 11월 15일 명주초등학교로 교명을 변경하였으며 1950년 11월 5일 옛 중앙초교 자리로 이전, 1957년 8월 17일 명주동 51번지로 이전하였다.

중앙초등학교는 1957년 4월 8일 강릉사범학교 부속국민학교로 개교하였으나 사범학교가 폐교됨에 따라 졸업생은 4회까지만 배출되었다. 1962년 2월 28일 중앙국민학교로 명칭을 바꾸었다. 1978년 3월 1일 17학급으로 편성되었으며 1996년 3월 1일 중앙초등학교로 명칭을 바꾸었다. 2003년 9월 1일 입암동으로 학교를 이전하여 개교하였다.

강릉간호고등기술학교는 1963년 4월 9일에 강릉간호고등기술학교(3학급 90명)로 설립·인가를 받고, 같은 해 6월 1일에 개교하였다. 1973년 3월 1일에 강릉간호전문학교로 학교명을 변경하였으며, 1979년 3월 1일에는 강릉간호전문대학으로 학교명을 다시 변경하였다. 강릉간호고등기술학교 설립 초기의 교사는 강릉의료원의 시설을 활용하였으며, 1983년 학교법인 한보학원[강릉영동대학]에서 학교를 인수하였으며, 1988년 3월 1일에는 강릉간호전문대학에서 영동전문대학으로 학교명을 바꾸었다. 영동전문대학은 강릉영동대학으로 학교명을 변경하였다.

강릉고등기술학교는 1961년 4월 8일 안동에 안동고등기술학교로 설립되었다가 1964년 정관이 변경되어 경상북도 안동시 동부동 65번지에서 강원도 강릉시 홍제동 5-3번지로 이전하였고, 학교명도 강릉고등기술학교로 변경되었다. 1976년 강릉시 임당동 546번지로 다시 이전하였다. 그리고 1980년 강릉공업고등기술학교로 학교명이 변경되었다.

강릉화교소학교는 1968년 중국인 화교에 의해 건립된 건물로 장방형에 현관을 중심으로 좌측 교실 2개, 우측 1개로 복도가 없이 교실로 출입할 수 있는 것이 특징이다. 이 학교는 2014년 7월에 폐교되었다.

한국은행 강릉본부는 1968년 3월 한국은행 강릉주재사무소로 개설하였다. 1974년 12월 2일에 한국은행 강릉출장소로 변경되었다가 1976년 12월에 한국은행 강릉지점으로 승격되었다. 1980년 12월에는 건물을 신축·이전하였다. 2002년 1월에는 한국은행 강릉지점을 한국은행 강릉본부로 명칭을 변경하였다.

옛 강릉경찰서(현 임영관 일대)는 일제강점기에는 현 우체국 부근에 위치하였으며, 해방 이후 강릉경찰서는 1945년 10일 21일 국립경찰의 창설과 동시에 용강동, 현재의 임영관 부근에서 개서되었다. 이후 1993년 2월 28일 경찰서 제2청사가 준공되어 현재의 포남동으로 이전하였다.

Ⅱ.

사료 분석과
지역사 읽기

지역사 올바르게 배우고 익힐 수 있는 또 다른 방법은 지역과 관련된 중요 사료를 읽고 분석하는 것이다.

연구자가 연구 주제를 선정하면, 다음으로 관련된 사료 수집을 진행할 것이다. 실제로 최근 지역사 연구 경향은 과거와는 달리 관련 사료들이 국역자료집으로 발간된 사례가 많아 연구에 많이 이용되고 있다. 따라서 지역사 교육 어떻게 할 것인가?라고 하는 질문의 두 번째 해답은 전문가들이 주도하는 역사적 사실에 입각한 올바른 지역사 연구 활성화라고 할 수 있다. 지역마다 편차는 있겠지만, 지역사 연구 자료를 교육에 활용할 때, 제기되는 핵심적인 문제점은 연구주제가 특정 시대나 주제에 제한되어 있다는 점이다.

그러므로 지역사 연구자는 각 시대 및 다양한 주제를 중심으로 더 많은 연구 성과를 발표하고, 축적하여야만 한다. 결국 축적된 연구 성과가 있어야만 원활한 지역사 교육이 가능하다는 결론에 도달할 수 있다.

1. 범일과 굴산사를 통해서 본 지역문화의 정체성

1) 교리로 본 범일의 가치관

굴산사는 신라하대 구산선문 중 사굴산파의 본산이었다. 굴산사가 언제 창건되었는지는 분명하지는 않지만, 범일이 중국에서 돌아 온 지 4년 후인 851년(문성왕 13)에 창건되었다고 한다. 『삼국유사』에 의하면, 범일이 당나라에서 유학하고 있을 때 명주 개국사에서 왼쪽 귀가 떨어진 승려를 만났는데, 그는 신라 사람으로서 집이 명주 경계인 익령현(현재 양양)의 덕기방(德耆房)에 있다고 밝히고, 뒷날 범일이 본국에 돌아가거든 자신의 집을 지어줄 것을 간청하였다. 847년(문성왕 9) 귀국한 범일은 그 승려의 간청에 따라 그의 고향이라 알려준 곳에 굴산사를 창건하고 가르침을 전했다고 한다.[1] 이때 창건된 굴산사는 범일이 주지로 오게 되면서 9산선문 중에 하나인 사굴산문의 본 찰로서의 위상을 갖게 되었다.

그런데 사굴산문의 개창조인 범일은 811년(헌덕왕 3) 정월 강릉 명주 학산에서 태어나 889년(진성여왕 3) 5월에 굴산사에서 입적하였다. 그는 15세에 출가하여 20세에 경주에 가서 구족계를 받았으며, 831년(흥덕왕 6) 왕자인 김의종과 함께 당나라에 들어가 마조의 제자인 염관 제안대사에게 사사를 받고 846년(문성왕 8) 귀국하였다. 그가 당에서 유학하던 시절인 844년(문성왕 6) 당에서는 승려 사태와 불교 사찰들을 파괴하는 사변이 일어났으며, 이때 범일은 상산으로 숨어들어 가 그 곳에서 혼자서 참선하다가 그 후 소주로 갔다가 귀국하였다.

---

1) 『삼국유사』, 「洛山二大聖觀音正趣調信」.

여기서 마조에 관해 간단히 설명하면, 마조(709~788)는 6대조 혜능 이후 중국 선종사에서 가장 중요한 인물로 그가 입적한 후 그를 마조 사라 불렀으며, 그는 '타고난 마음이 곧 부처[自心卽佛]'라는 입장을 강조하였으며, 또한 그의 제자는 무려 130여 명에 이르렀는데, 모두 선원의 종주가 되었다고 한다.

한편 당나라의 선종은 달마대사로부터 시작되었고, 6대조에 와서 북선종과 남선종으로 나누어졌다. 북선종은 혜능의 제자인 하택 신회가 732년(開院 20) 대운사에서 종론을 제기하면서 시작되었고, 남종선은 달마대사의 제자 조계 혜능(638~713)부터 시작되었는데, 달마대사가 "편안한 마음으로 벽을 바라보면서[安心觀壁]" 깨달음을 구했던 것이 혜능에 와서는 "문자에 입각하지 않으며, 본연의 품성을 보고, 부처가 된다[不立文字 敎外別傳 直指人心 見性成佛]"고 호언장담을 하기에 이르렀던 것이다. 6대조인 혜능의 뒤를 이어 8대조인 마조도일(709~788)에 이르면 더 나아가 "타고난 마음이 곧 부처[自心卽佛]"임을 외치게 되는데, 이 외침은 곧 마조선사가 있던 지명을 딴 홍주종의 진면목이라 할 만한 것이었다. 마조의 뒤를 이은 9대조가 서당지장이다.

앞에서 설명한 범일의 간단한 이력을 통해 그의 불교 교리를 살펴보면, 불교 입문 초기단계부터 왕자 김의종과 함께 도당 유학 길에 올랐는데, 왕자와 함께 도당하였던 점은 범일이 당시 도성의 왕실 또는 귀족들과의 친분관계가 있었음을 의미한다. 이는 왕실이 대체로 교종을 선호하였던 상황으로 미루어 보아 범일은 입문 초기단계에는 주로 교학불교에 가까웠던 것으로 이해할 수 있다. 그러나 당시 신라에는 선종의 두 부류인 북선종과 남선종이 유입되어 있는 상태였으며, 또한 당나라 역시 선풍이 대단히 확산되고 있는 시점이었기에 범일 역시 불교계의 새로운 풍조인 선종을 익히기 위해 당으로 유학을 떠났던 것으로 보인다.

범일은 당으로 유학을 떠나기 전 이미 북선종 또는 남선종에 대한 이해를 가지고 있었던 것으로 추정된다. 그것이 당시 영동지방에 유입된 선문의 경향으로 짐작할 수 있을 것이다. 남선종을 도입한 도의선사는 바로 그 서당의 홍주종을 공부하고 귀국하여 남선종을 권하였다. 그러나 이 때 사람들은 경전을 숭상하고 불타에 귀의하는 법에만 익숙하여 무위(無爲)한 선종에 관심을 갖지 않고 그것을 허황된 것으로 여겨 숭상하지 않았다. 이에 도의 역시 교종 불교 중심의 신앙적 분위기 속에서 환영받지 못하고 설악산 진전사로 은둔하였던 것이다.

그런데 도의 이전에 이미 북종선을 비롯한 선풍이 신라에 전해졌는데, 이 때 북선종을 도입한 승려는 항수선사로 교종으로부터 심하게 비난을 받지 않았던 것으로 보인다. 또 항수 이외에도 도의보다는 시대가 약간 앞서는 신행이나 법랑이 북종선 도입에 큰 역할을 하였고 아울러 신라사회에 널리 확산되어 있었다.[2] 그리고 북선종은 남선종과는 달리 교종 불교와도 연계되어 있었으며, 특히 신행이나 그의 제자 법륜은 법상종 사상에 익숙해 있어서 유식에 대한 이해가 깊었으며, 또 북종선 사상은 화엄사상이나 밀교사상과도 연관되어 있었다.[3]

북선종이 교종불교와 큰 마찰을 빚지 않은 것과 달리 도의가 도입한 남선종은 교학 불교계로부터 '무위임운(無爲任運)'의 종파라고 비판받으면서 도입 초기에는 어려움에 직면하였으나 봉암사의 희양산문을 성립시킨 혜소의 선풍이 수용되면서 신라 하대 불교계의 변화 조짐이 확산되었다. 물론 이러한 불교계의 변화 요인은 당시 선종이 지니고 있던 개인주의적 성향이 중앙정부의 간섭을 배제하면서 지방에 웅거하며 독

2) 국사편찬위원회, 『한국사』 11, 1996, 187~189쪽.
3) 여성구, 「신행의 생애와 사상」, 『水邨朴永錫敎授華甲紀念韓國史學論叢』 上, 1992, 360~365쪽.

자적인 세력을 구축하려는 지방 호족의 의식구조와 부합되었다는 측면이 강하게 작용하였던 점은 부정할 수 없는 부분이다.[4]

이는 8세기 중반 경부터 신라사회에는 북선종이 유입되어 확산되었고, 북선종은 교종과도 유기적 관계를 형성하고 있었고, 또한 도의가 처음 남선종을 권했던 시기가 821년(헌덕왕 13)인 점, 그리고 설악산 진전사에 은둔하고 있었던 도의가 그 법을 염거[5]에게 전하고 염거는 설악산 억성사에 주지하면서 체징[6]에게 법을 전하였으며, 양양 선림원의 홍각[7]은 염거의 제자로서 억성사에 머물러 있었다. 따라서 범일이 출가했던 시기인 826년경을 전후한 시기 이미 강원 영동지방은 남선종이 유입되어 그 법맥이 계승되고 있었고 이 점은 당시 지역 불교계에도 영향을 주었을 것이다.

이러한 변화는 범일에게 있어서도 절호의 기회였다고 여겨진다. 즉 귀국 후 851년(문성왕 13)까지 충청도 지방에 있는 백달산에 안좌하고 있었던 범일에게 강릉도독 김공은 굴산사의 주지를 요청하였다. 이와

---

4) 국사편찬위원회, 『한국사』 11, 1996, 191쪽.

5) 신라 하대 선승으로 가지산선파(迦智山禪派) 2대 조사이다. 도의의 제자로 설악산 억성사에 머무르면서 범의 전수에 주력하였고 사교를 배척하였다. 항상 一心을 닦고 밝혀서 삼계의 고통으로부터 벗어나야 함을 강조하였다. 체징에게 법맥을 전하여 가지산선파를 대성시킬 수 있는 기반을 마련하였다.

6) 신라 하대 선승으로 속성은 김, 체징은 휘이다. 시호는 보조선사이다. 화산 권법사 밑에서 배웠고, 827년(흥덕왕 2) 가량협산(加良峽山) 보원사(普願寺)에서 구족계를 받았다. 그 뒤 설악산 억성사의 염거에게서 선을 닦고, 법인을 받았으며, 837년(희강왕 2) 唐 나라로 건너가 선 지식에 접하였으나 선도를 멀리서 구할 것이 아님을 깨닫고, 840년(문성왕 2) 귀국하여 무주(武州)의 황학란야(黃壑蘭若)에서 가르침을 베풀었다. 859년(헌안왕 3) 왕의 초청으로 경주에 머물다가, 장흥 사지산 보임사로 옮겨 선문구산(禪門九山) 중 하나인 가지산파의 제 3祖가 되었다.

7) 홍각선사탑비가 886년(정강왕 원년) 세워진 점으로 보아 홍각선사의 주요활동 시기는 800년대에 해당된다.

같은 요청은 범일에게 있어서 당에서 수학한 선풍을 강원 영동지방에 확산시킬 수 있는 절호의 기회였으며, 아울러 785년 선덕왕 사후 중앙 귀족간의 왕위쟁탈전에서 밀려난 김주원을 비롯한 그 후손들 역시 강릉을 중심으로 한 명주호족으로서 불교계의 변화를 적극 활용하였던 것이다.

한편 신라에 도입된 선종은 진성여왕을 전후하여 크게 변화되었다. 즉 초기 선종은 북선종을 통해 살펴보았듯이 왕실과의 관계를 고려하는 측면에서 교학적 경향을 완전 부정하지 않았다. 그러나 진성여왕 이후 선종사상은 조사선의 우위를 주장해 가는 경향을 지녔다. 사굴산문을 개창한 범일은 평상의 마음이 바로 도리라 하였는데, 석가가 보리수 아래에서 깨침은 진실한 것이 아니며, 그 뒤 진귀조사를 만나 깨친 것이 바로 조사선이라 하였다. 곧 여래선보다 우월한 것이 조사선이라는 견해이다.

진귀조사설은 1293년 진정국사 천책이 저술한 『선문보장록』에 수록된 범일의 사상이다. 물론 이에 대한 불교계의 비판적 견해도 있긴 하지만 분명 위의 기록에서 범일의 사상으로 인용되었다는 사실 자체만으로 보아도 그의 사상 경향은 조사선의 수립에 중점을 두었던 것으로 보인다. 그리고 이러한 사상은 선사들이 왕실보다는 지방호족 쪽으로 기울어지는 분위기와 연관되기도 한다. 그리고 범일의 제자 행적은 일심을 중심으로 한 외화함을 강조하기도 하였다. 이러한 사상체계는 왕건이 고려를 건국한 후 후삼국을 통일하는 과정에서 더욱 강화되어 교선일치 사상을 낳게 되었던 것이다.[8]

그러므로 범일의 평상심은 행적의 일심으로 이어졌고 그것은 고려

---

8) 국사편찬위원회, 위의 책, 1996, 204~205쪽.

왕건이 교와 선의 교섭문제를 정치적으로 해결하는 과정에서 등장한 교선일치 사상으로 발전하였던 것이다.

범일에 대한 평가에 있어서 매우 의미 있는 사실은 그의 법통을 계승한 대표적인 두 제자의 비문에 전한다. 낭원 개청의 비문에는 그를 "시대를 타고난 대사이자 속세를 뛰어 넘는 신인으로, 능가보월의 마음을 깨닫고 인도제천의 종성을 모두 통달한 선승"[9]이라 하였고, 나말여초 학자인 최치원은 「지증대사비문」에서 범일을 포함한 13명의 고승들에 대해 "덕이 두터워 중생들의 아버지가 되었으며, 도가 높아 왕의 스승이 될 만한 자들"[10]이라고 하였다. 이처럼 범일 입적 후 그에 대해서 능가종의 진리와 인도제천의 종성을 겸비한 '대사(大士)' 또는 '신인(神人)'으로 존경하였고, 중생의 아버지이며, 왕의 스승이 될 만한 충분한 학식과 인격을 가진 선사로 평가하고 있다.

따라서 능가보월의 마음을 깨닫고 인도제천의 종성을 모두 통달하였다는 이야기는 범일의 선학이념을 추론할 수 있는 중요한 단서가 된다. 즉 범일의 불교 입문 시기인 9세기 초반경은 불교계의 변화 양상 즉 교종이 우세한 가운데 북선종과 남선종이 도입되어 점차 확산되는 시점으로 그에게는 교학적 이념이 불교 입문에 중요하게 작용하였으나, 이후 도당 유학 후 귀국하여 사굴산문의 개창조로서 강원 영동지방을 중심으로 선종을 확산하는 과정에서 기존 교학적 성격의 사찰들을 통합하는 과정에서 때로는 선종의 강한 투영을 위해 진귀조사설을 통한

---

9) 李智冠, 「江陵 智藏禪院 朗圓大師 惡眞塔碑文」, 『羅末麗初 歷代高僧碑文(高麗篇 1)』.

10) 추만호, 『나말려초 선종사상연구』, 1992, 61쪽.
정동락, 「통효 범일(810~889)의 생애에 대한 검토」, 『민족문화논총』 24집, 영남대학교 민족문화연구소, 2001, 84쪽.

조사선의 우위를 강조하기도 하였을 것이며, 한편으로는 교종 사찰과의 융합의 측면에서 그것을 강조하기도 하였다.

2) 교세확장으로 본 사굴산문의 위상

범일과 명주호족과의 밀접한 관련성은 범일이 굴산사 주지 요청을 받아들이는데 있어서 매우 중요한 가교 역할을 하였다. 그 가교 작용은 범일의 할아버지인 김술월과 김주원 세력과의 관계성이다. 김술원이 명주도독에 부임했던 시기는 김주원이 왕위계승에서 밀려난 전후일 가능성이 있다. 이에 김술원과 김주원은 거의 같은 시기에 활동했던 인물로 볼 수 있다.[11]

한편 이와 같은 논점에서 김주원 퇴거 당시 김술원이 명주 도독으로 부임하고 있었던 것은 그가 명주행을 택했던 한 원인이 되었을 것이며, 김주원 퇴거 시 이미 김술원은 명주도독에 재임하고 있었을 것이라는 주장도 있다.[12] 그러므로 적어도 김술원과 김주원은 친인척 관계이거나 동시에 정치적으로 동일계열로 이해된다.[13]

이러한 유기적 관계는 범일이 굴산사 주지로 있으면서 사원의 세력 범위를 확장하는 과정에도 매우 유용하게 작용하였을 것이다. 이는 실제로 사굴산문이 개창된 이후 강원 영동지역 불교계의 변화와 이미 창건된 교종계 사찰들에 대한 흡수 범위를 통해서 확인할 수 있을 것이다.

범일이 굴산사에 주지함으로써 신라 9산선문의 한 파를 형성했으며, 이를 이른바 도굴산파 혹은 굴산파라 칭한다. 사굴산파는 범일을 개조

---

11) 정동락, 위의 논문, 2001, 61~62쪽.
12) 김정숙, 「김주원 세계의 성립과 그 변천」, 『백산학보』 28, 1984, 158쪽.
13) 임호민, 『지역사 자원의 교육자료의 활용방안 탐색』, 서경문화사, 2009, 40~43쪽.

로, 굴산사를 중심도량인 선문으로 하여 선교 활동이 활발하게 이루어져, 강릉을 중심으로 한 영동 남북 군현으로 확장되었다. 더욱이 범일의 선학 이념은 그가 입적 이후 고려시대에도 계속 이어져 전국적으로 발전 확대되어 갔으며, 오늘날 불교의 정맥이라 할 조계종으로 이어지고 있다.[14)

우선 범일이 주지하였다는 굴산사의 말사들과 그의 제자들과 관련된 내용을 정리해 보면,[15) 강릉시 내곡동에 있는 신복사의 경우도 범일에 의해 건립된 것으로 전해지고 있고, 동해시에 있는 삼화사는 642년(선덕여왕 12) 중대로 불려졌는데, "도굴산 범일[품일]조사가 이곳에 와서 절을 세우고 또한 삼공이란 현판을 내걸었다"고 전하며,[16) 또 양양군 강현면 소재 낙산사는 일찍이 676년(문무왕 16) 의상조사가 창건한 것으로 전해지는 바, 786년(원성왕 2) 대부분이 소실되었던 것을 858년(헌안왕 2) 범일이 중건하였다[17)고 한다. 그리고 평창군 진부면 오대산에 있는 월정사의 경우, 643년(정관 17) 자장법사에 의하여 오대산 신앙의 중심지로서의 오대산을 성역화하려 하였으나 뜻을 이루지 못하였다. 그리하여 범일의 문인인 두타 신의가 이 산에 와 자장법사가 살던 곳을 찾아 암자를 짓고 살았다는 것이고, 신의가 죽은 후 황폐해진 것을 수다사 장로 유연이 중창하여 살았다고 한다.[18)

또 「천은사기적비」에 의하면, "절의 과거를 살펴보니 지금으로부터

---

14) 김영수, 「조계선종에 취하여」, 『진단학보』 9권, 진단학회.

15) 방동인, 「굴산사와 범일에 대한 재조명」, 『제1회강릉전통문화학술세미나 발표요지』, 강릉문화원 · 관동대학교 영동문화연구소, 2000.

16) 『동국여지승람』, 삼척도호부.

17) 『삼국유사』 권3 탑상 제4 洛山二大聖 觀音 正趣調信條 및 乾鳳寺本末事蹟 洛山寺史蹟.

18) 『삼국유사』 권3 五臺山五萬眞身條.

1093년 전 신라 829년(홍덕왕 4), 즉 당나라 문종(文宗) 태화(太和) 3년 기유년에 중국의 고승 두타삼선이 본 절을 창건하였기에 그 산의 이름이 존재한다고 하며, 혹 범일국사가 입당하고 돌아 와 굴산사, 금화사, 삼화사 세 절을 창건할 때 본 절을 창건하였다"고 하며, 삼척 소재 영은사에 보관되어 있는 「영은사설선당중건상량문(靈隱寺說禪堂重建上樑文)」에는 "옛날에 신선이 내려와 절을 창건하였는데 범일국사이다[嶽降神於古昔刱寺焉梵日國師也]"라고 전한다.

한편 문인들과 관련된 성과를 보면,[19] 굴산선문 개창 이래 범일의 문하에서는 많은 문도들이 배출되었다. 문도들 중 개청·행적 등이 그 대표적 인물이었다. 개청은 속성이 김씨이고, 계림관족이다. 854년(문성왕 16) 태어나 관년(冠年)에 출가, 화엄산사 淨(正)行에게 문도(聞道)하고, 강주(康州, 晋州) 엄천사(嚴川寺)에서 수계하고 금산에서 3년간 식송근수(食松勤修)하다가 "굴산(崛山)으로 가면 출세신인(出世神人)이 있다"는 한 노인의 신고(神告)를 듣고 굴산사 범일법사를 참례하였다. 이때 법사는 "오기가 어찌 이리 늦은가. 오랜 시간을 기다렸노라" 하고, 입실(入室)을 허락했다. 이후 그에게 법(法)이 사승(嗣承)되었다. 그는 범일 입적 후 보현사(普賢寺)에 입주하여 굴산의 종풍(宗風)을 크게 떨쳐, 경애왕(景哀王)의 국사가 되고, 930년(경순왕 4) 입적하였다. 세수(世壽) 96세였다. 고려 태조는 시호를 낭원(郎圓), 탑(塔)은 오진(惡眞)이라 증호(贈號)했다. 그의 문하에 신경(神鏡)·총정(聰靜)·월정(越晶)·환언(奐言)·혜여(惠如) 등 수백인이 있어 그의 법통을 계승 발전시켰다.

행적(行寂)은 하남(河南[河東]人)으로, 속성은 최씨이다. 832년(홍덕

19) 방동인, 앞의 논문, 2007, 14~16쪽.

왕 7) 태어나 일찍이 출가하여 해인사(海印寺)에서 화엄(華嚴)을 배웠다. 그 후 855년(문성왕 17) 복천사(福泉寺)에서 수계(受戒)하고, 이후 오대산의 굴산(崛山) 범일대사(梵日大師)에 참례하고 그에게 입실(入室)하였다. 870년(경문왕 10)에 입거(入唐)하여 중국 오대산 화엄사에서 문수(文殊)를 뵙고 석상경제(石霜慶諸)의 심인(心印)을 얻고, 884년(헌강왕 10) 귀국하여 삭주(朔州) 건자암(建子庵)에 머무르며 사법(師法)을 개진(開振)하니 그 법이 크게 떨치게 되었다. 효공왕(孝恭王)이 사(師)로 예우하였다. 889년(진성왕 3) 범일이 침질(寢疾: 앓아 눕다)하니, 급히 굴산으로 돌아가 정근시질(精勤侍疾)하였다. 범일이 입적하기에 이르자, 그에게 전심(傳心)을 부촉(咐囑: 부탁하여 위촉함)하였다. 이후 사법(師法)을 전승하여 종풍(宗風)을 크게 떨치다가 915년(神德王 4) 수세(世壽) 85세로 입적하였다. 시호를 낭공(郎空), 탑(塔)을 백월첩운(白月捷雲)이라 하였다. 그의 문하에 신종(信宗)·주해(周解)·임엄(林儼)·양경(讓景) 등 500여 인이 있어 문풍(門風)을 전승하였다.

말사의 중·창건 사실과 개청과 행적으로 이어지는 법통 계승이 가능하였던 까닭은 범일이 굴산사 주지에 안좌하면서 적극적인 선교(禪敎) 교섭 활동을 펼쳤기 때문이며, 또 사굴산문의 개창조로서의 명성과 선학을 대한 매우 깊이 있는 성찰 등을 통해 범일의 품격을 가늠할 수 있다. 특히 범일이 굴산사의 주지로 부임한 이후 강원 영동지방 대부분의 사원, 즉 굴산사보다 먼저 창건되었던, 교학이념을 바탕으로 한 다수의 사찰들이 별 갈등 없이 통합되었던 사실은 범일을 중심으로 한 굴산사 교세의 규모를 짐작하게 할 뿐만 아니라 선교(禪敎) 일치라는 관점에서 범일 불교관에 스며있는 사회통합성에 새삼 깊은 의미를 부여할 수 있다.

2. 『강릉대도호부선생안』으로 본 수령의 교체실태

1) 자료소개

'선생안' 또는 '관안'(이하 선생안이라 칭함)[20]이라고 하는 것은 한마디로 말해서 부·목·군·현에 역대로 부임해 왔다가 교체되었던 지방 장관과 판관 또는 아관의 입사 성분, 품질, 출사 경위, 재임시 치적 또는 작폐, 재임 기간, 교체 사유 등을 기록한 연명부인 것이다.[21]

이러한 선생안이 활발히 작성되어지는 시기는 읍지류 편찬이 활발히 진행되었던 영조대이다. 그러나 영조대를 전후한 시기보다 훨씬 앞선 여말선초에 이미 선생안이 작성되어 지고 있음을 알 수 있다.[22] 이는 『관동읍지』 강릉대도호부지 선생안조 제명안서문에서도 살필 수 있는데 그 내용은 강릉부선생안이 오랜 옛날부터 있어 왔으며 신라와 고려부터 기록되어 조선조까지 전해졌으나 천여 년의 세월이 경과하면서

---

20) 선생안(先生案)에는 중앙 각 관청의 관리명단인 『清選考』를 비롯하여 지방의 觀察使先生案, 守令先生案, 鄉先生案, 戶長先生案, 上疏文先生案, 講武堂先生案, 察訪先生案 등 여러 종류가 있다.

21) 大都護府·牧의 使·副使·判官·司錄·法曹·義師·文師, 都護府의 使·副使·判官·法曹·義師·文師·防禦鎭使, 州·府·郡의 使·副使·判官·法曹, 縣令·鎭의 將·副將·尉 등 지방관원을 모두 수령으로 취급하였는데, 이는 고려시대에는 小邑까지 지방장관이 파견되지 않았고 조선시대에는 州·府·郡·縣 단위까지 지방관이 모두 중앙에서 파견되었기 때문에 모두를 조선시대의 수령으로 간주하기는 곤란하다(이혜옥, 1985, 「고려시대의 수령제 연구」, 『이대사원』 21, 1985, 59~85쪽). 더욱이 대읍(大邑)의 지방장관인 수령(守令)의 업무 과중에 따른 부담을 덜어주기 위한 지방장관의 보조자로서의 판관(判官)의 임무를 부여하고 있는 점(『세조실록』, 세조 32년 3월 丁酉條)으로 미루어 보아 판관(判官)을 수령(守令)이라 할 수는 없다.

22) 『慶州府尹先生案』, 『安東先生案』, 『永川郡守先生案』 참조.

점차 기록들이 소멸되어진 지 오래되었다고 하였다.[23) 그러므로 강릉부선생안의 작성 시기 역시 여말선초보다 앞서서 작성되었음을 확인할 수 있다.

이와 같이 오래전부터 작성되었던 선생안은 인적 사항과 재임 기간 그리고 재임 동안의 치적을 간략하게 기록하였으며, 이를 통해서 후임 수령이 선임 수령의 행적에 대한 시비와 어질고 어질지 못함을 알 수 있게 하였다. 더욱이 다음 부임하는 수령으로 하여금 선생안을 살펴보게 함으로써 대민 통치의 관련 근거로 삼고자 하였던 것이다.[24) 선생안이 작성되어지는 근본적인 이유는 부임해 오는 관원에게 선정과 악정을 분별할 수 있게 하는 교훈적 성격과 권과의 규범으로 삼고자 함이었다.

여말선초 이전부터 이미 권장하는 규범으로서 작성되었던 선생안은 수령의 성분과 교체 실태 그리고 수령제 운영의 실제를 분석·규명하는 데 중요한 자료라 할 수 있다. 그러나 이러한 자료들은 대개 편찬 시기가 동일하지 않고 또한 수록내용 및 방법에 있어서도 약간의 차이를 보이고 있기 때문에 이해를 도모하기 위해 기본 자료를 먼저 소개해 두고자 한다.

---

23) 『關東邑誌』(奎章閣所藏 No.12172), 江陵大都護府誌 先生案條 題名案序.

24) 『關東邑誌』(奎章閣所藏 No.12172), 江陵府先生案 題名案序("無義而有義者 題名 是耳 惟其名之有題 故可以考 其人進退之迹矣 豈獨考其進退之迹而已 卽其迹 而 其人之 賢 不肖亦可知也 然則官府題名 豈非爲士大夫仕宦之甚 可憂者歟 然題名 之義 不知蔓於何時 而但漢諸生 每入太學 有月會之禮 必書其所會之人於策中 盖 欲 藏否人物 以爲勸課之規 題名之義 豈非始於此耶 … 然則 今之題名案 豈非爲 居 此官者之所 可憂者歟 聊以 自警 且以告來者 云爾").

(1) 『관동읍지』 선생안

『관동읍지』는 강원도 각 군현의 건치연혁을 비롯한 총 50개항목
으로 분류하여 기록되어 있다. 편찬 시기는 선생안의 마지막 수록자
인 윤종의의 체임 시기에 대하여 '戊辰五月初六日 淸風來 庚午十二月
二十四日 都政以 政府草記 特差沃溝'[25]라 기록되어 있는데, 경오년은
1870년(고종 7)이다. 또한 다른 지방의 경우를 보아도 대개가 기사년
(己巳年, 1869), 경오년(庚午年, 1870), 신미년(辛未年, 1871)이 최종 수
록자의 도임 및 체임 시기로 기록되어 있었다.[26] 따라서 『관동읍지』는
동치년간, 즉 1870년을 전후하여 작성되었다.

한편 강릉부지 말미의 제명안서(題名案序)에 '上之十二年戊申抄秋
東湖居士序'라 하였는데, 연표와 비교·검토한 결과 '上之十二年戊申'에
해당되는 시기가 1788년(정조 12) 외에는 보이지 않고 있어 제명안서
의 작성 시기는 1788년임이 틀림없다.

이처럼 선생안 서문에 보이는 작성 시기와 『관동읍지』 편찬 시기가
각기 다르게 기록되어 있다. 그 이유는 『관동읍지』가 편찬되기 이전에

---

25) 위와 같음.
26) 『관동읍지』(규장각소장 No.12172)에 실려 있는 원주·철원·인제·회양·금
   성·낭천 등과 같은 다른 지방 선생안의 최종 수록자들의 시기를 살펴보면, 다음
   표와 같다.

지역	성명	연도	기사(『관동읍지』 참고)
원주	李喆淵	1871	辛未六月二十日政 移慶尙道密陽府使
철원	洪彦錫	1870	庚午十月十八日到任
인제	鄭㴡朝	1870	同治庚午六月初八日 政以長陵令七月初 十日
회양	閔昌植	1871	辛未六月二十日平壤庶尹移來七月十九日到任
금성	閔昌植	1869	己巳六月二十四日移拜平壤庶尹
낭천	李胤植	1871	辛未五月來

이미 선생안이 작성되었으며, 그 후 읍지를 작성할 때 기존에 작성된 선생안을 참고·보완하였기 때문인 것이다.[27)]

『관동읍지』 선생안에는 신라인(新羅人) 이사부(異斯夫)와 진주(眞珠) 2명, 고려인(高麗人) 임민비(林民庇)·이거인(李居仁)·안종원(安宗源)·박원계(朴元桂) 등 4명을 포함하여 부사(府使)·판관(判官)·현감(縣監) 모두 250명이 수록되어 있다. 그러나 1557년(명종 12)까지는 대체로 성명과 재임 시기만을 기록하였고, 그 이후부터는 재임기간, 교체시기, 교체사유, 품계 등이 자세히 기록되어 있다.

(2) 『임영지』 관안

임영은 고려시대부터 불리던 강릉의 별호이며, 『임영지』는 강릉지방에서 편찬된 읍지인데, 정확하게 언제부터 편찬되었는지는 알 수 없다. 그러나 현재 전해지는 것으로는 영조 연간에 편찬된 『임영지』(이하 『구임영지』로 표기함), 1933년 일본인 강릉군수인 용택성이 재지유림의 건의에 따라 강릉고적보존회에서 간행한 『증수임영지』, 그리고 1975년 강릉시·명주군 공동으로 편찬한 『임영(강릉·명주)지』(이하 『임영지』라 함) 등 세 종류가 전해지고 있다.

우선 『구임영지』[28)]에는 명환조를 두어 행적이 출중한 부사만을 택차하여 재임 시기와 치적을 간단히 기록하였다. 『증수임영지』 역시 명

---

27) 이러한 현상은 다른 지역에서도 보이는데, 회양읍의 경우 선생안 서문에 '皇明 萬曆三十六年 戊申七望淸松後人 沈宗德識'라 하여 1608년(선조 41)에 선생안이 작성되었다. 그러나 최종 수록자는 고종(高宗) 신미년(辛未年, 1871) 7月 19日 평양서윤에서 이래(移來)하였다[『관동읍지』(규장각소장 No.12172) 회양도호부 선생안조].

28) 강릉문화원에서 1991년 전지 3권과 후지, 속지를 합하여 전 5권을 필사·복간하였다.

환조를 두어 기록하였을 뿐만 아니라 조선조 이후부터 1931년 일본인 군수 용택성까지 역대 부사·판관 또는 아관·관찰사 그리고 군수 모두를 합쳐 총 305명의 재임 및 교체시기·진퇴의 사유 등을 기록하고 있다. 그리고 1975년 발간된 『임영지』는 신라 지증왕(505년)때의 이사부에서부터 1974년까지 총 363명에 대하여 재임기간·교체시기 및 사유·행적 등을 간단히 수록하였다.

2) 수령의 성분과 품계변화

(1) 출사성분

중앙집권적인 통치 체제를 운영하였던 조선시대의 지방행정조직은 왕-관찰사-수령 체계로 구성되었다. 그리고 실질적인 지방 통치자인 수령은 문·무·음과로 출사 성분에 구분을 두었고, 또한 품계에도 차별을 두어 임명하였다.

그리하여 관찰사를 제외한 지방관들의 품계는 부윤이 종2품, 대도호부사 정3품, 목사 정3품, 도호부사 종3품, 지군사 종4품, 현령 종5품, 현감 종6품으로 구별하였다.[29] 출사성분 역시 문과출사 임명 지역, 무과출사 임명 지역, 음과출사 임명 지역, 문과 및 무과출사 교차·임명 지역, 문과·음과출사 교차·임명 지역, 문과·무과·음과출사 교차·임명 지역 등 여섯가지 유형으로 구분하였다. 이에 강원도는 26개 군읍 중 문과출사자가 임명되는 지역 3, 무과출사자 임명 지역 2, 음과출사자 임명 지역 10, 문과 및 무과출사자 교차·임명 지역 4, 문과 및 음과출사자 교차·임명 지역 7로 구분되었다.[30] 이 중 음과출사자 수령이 임

---

29) 『경국대전』 권1, 이전 외관직조.
30) 『여지도서』, 강원도편 관직조.

명되는 곳이 10개 군읍에 달하여 그 비중이 가장 높았다.

그리고 영월·양양·강릉 3개 읍에 문과출신자가 수령에 제수되었다. 이 중 영월은 단종의 능이 있다는 이유로[31] 양양은 1397년(태조 6)에 왕의 외향이기 때문에 부로 승격되었으며, 1413년(태종 13) 도호부로 개명된[32] 이래 당상관 정3품 또는 당하관 종3품의 문과출사자 수령이 교차·임명되었다. 그리고 강릉의 경우에는 1430년(세종 12) 이전까지는 예외라 하지만, 『경국대전』이 반포된 이후부터는 당상관 또는 당하관으로서 정3품의 품계에 해당하는 문과출신자가 임명되었다. 그렇지만 강릉부 수령 중 문과에 대한 기록은 없고 무과와 음과 출신자에 대한 언급만 있다. 이는 언급되지 않은 수령들이 대체로 정3품 당상관 또는 당하관인 문과 출신자이었음을 알 수 있다.[33]

강릉부의 경우는 첫째, 선초 영동 지방에는 거진이 없다는 것이다. 둘째, 인근군현들이 무비가 폐하고 우활한 서생들이 그 지역의 행정을

문	무	음	문·무	문·음
3	2	10	4	7
영월(정3품) 양양(당상 정3품 · 당하 종3품) 강릉(당상 · 당하 정3품)	평해(종4품) 횡성(3품)	원주(5 · 6품) 평창(종4품) 간성(4품) 고성(정5품) 안협, 평강, 통천, 금화, 낭천, 금성(6품)	춘천(종3품) 울진(종6품) 이천(3품) 철원(종2품)	정선(4품) 삼척(종3품) 흡곡(5 · 6품) 회양(3품) 양구(6품) 인제(종6품) 홍천(6품)

31) 구완회, 「조선후기 수령의 성분과 그 추이」, 경북대학교 석사학위논문, 1982, 196쪽.
32) 『襄陽郡邑誌』建置沿革條. "太祖六年以 上之外鄕陞爲府 太宗十三年 改爲都護府"
33) 1975년 편찬된 『임영(강릉 · 명주)지』 관안에 수록되어 있는 부사들 중 본관이 기록되어 있는 수령들에 대하여 1914년 편찬된 『조선과환보』를 참고하여 출사 성분을 조사한 결과 대체로 문과출신자였음을 알 수 있다.

비롯한 제반 업무를 담당하고 있었다. 셋째, 빈번한 왜구의 침입에 따라 신유정(辛有定)을 강원도조전병마사(江原道助戰兵馬使)에 임명하여 강릉을 거진으로 삼고 있었다.[34] 넷째, 수령 이외의 하급 관원의 배치에 있어서 강원도 문과 출신자 임명 지역인 강릉·양양·영월 중 강릉만 수령의 실질적 업무를 보좌하는 판관을 두고 있었다.[35] 다섯째, 지방군제상 강릉을 핵으로 하는 군제 편성을 하였다.[36]

이상의 다섯 가지 요인 때문에 강릉은 그 역할의 중대성이 인정되었으며, 따라서 문과 출신자를 수령으로 제수하였던 것이다.

그러나 강릉부에 임명되었던 수령들의 실제 출사 성분은 앞서 살핀 것처럼 정확히 파악할 수는 없지만, 문과 출신자는 대체로 18세기까지 임명되었다. 그리고 무과 출신자는 1770년(영조 46) 5월에 부임하여 다음해 4월까지 재임하였던 가의대부였던 유세덕(柳世德), 1773년(영조 49) 8월에 전직 목사로서 부임하여 동년 12월 창성으로 자리를 옮겼던 통정대부였던 이장혁(李長爀), 1841년(헌종 7) 7월에 부임하여 다음해 6월 파주목사로 교체되었던 통정대부였던 유창근(柳昌根) 등 3명이다. 또한 음과 출신자는 1835년(헌종 1) 이정민(李鼎民)이 부사로 임명되었을 때부터이다. 이에 음과출신자들을 선생안에서 정리하여 제시하면, 다음 〈표 1〉과 같다. 〈표 1〉에서 볼 수 있듯이, 1835년 이후부

---

34) 『태종실록』, 태종 3년 7월 을사조.

35) 『경국대전』 권1, 이전 외관직조.

36) 구완회, 앞의 논문, 1982, 195~199쪽에 정3품 당상관 이상 문과 출신자 임영지역을 『여지도서(輿地圖書)』에 있는 330개 관읍을 중심으로 다음과 같이 분류하였다. 첫째, 왕조가 특별한 관심을 가져야 했던 부윤급 수령 임명지역, 둘째, 경기지역을 제외한 릉전 및 태실 소재지, 왕비의 관향이었던 지역, 셋째, 대외 교섭 및 통상의 중심지역, 넷째, 연변 및 인근 무·음과출신자 임명지역에 대한 통제를 위한 지역으로 구분하였다.

<표 1> 음과출사자 명단(강릉부)

성명	품직	재임기간(개월수)
李鼎民	통훈대부	1835. 5.~1835. 8. (4월)
洪著謨	통훈대부	1835. 9.~1836. 2. (6월)
李玄五	통훈대부	1836. 3.~1838. 6. (28월)
李能淵	통훈대부	1838. 8.~1839. 3. (8월)
洪鼎周	통훈대부	1842. 윤7.~1845. 6. (12월)
趙雲容	통훈대부	1845. 8.~1846. 1. (7월)
沈宜復	통훈대부	1846. 2.~1846. 9. (8월)
朴曾壽	통훈대부	1847. 7.~1848. 12. 15. (17월)
李義書	통훈대부	1849. 1.~1851. 3. (26월)
宋端和	통훈대부	1851. 3.~1853. 8. (29월)
尹應圭	통훈대부	1853. 9.~1854. 1. (5월)
柳厚祚	통훈대부	1854. 3.~1857. 4. (37월)
徐兢淳	통훈대부	1857. 7.~1857. 12. (6월)
尹致容	통훈대부	1858. 1.~1859. 4. (15월)
李儒膺	통훈대부	1859. 5.~1860. 3. 29. (11월)
洪在愚	통훈대부	1861. 7.~1862. 7. 3. (12월)
趙徹林	통훈대부	1862. 7.~1863. 7. (12월)
鄭道和	통훈대부	1863. 7.~1864. 4. (10월)
金永應	통훈대부	1864. 4. 11.~1865. 10. 23. (18월)
尹宗儀	통훈대부	1868. 5. 6.~1870. 12. 24. (31월)

※『관동읍지』 강릉부선생안과 『임영지(1975)』 관안 참고

터는 음과출신자가 부사에 임명되었다. 이러한 변화는 다른 지방에서
도 쉽게 찾아 볼 수 있는데,[37] 그 이유는 다음과 같이 분석할 수 있다.

---

37) 양양의 경우 『여지도서』 관직조에 보면, 도호부로서 문과 당상 정3품 또는 당하
관 종3품이 부사에 임명되었는데, 실제로 『양주지』(양양문화원, 1990, 875~877

첫째, 수령은 관찰사·암행어사·재경대간 등에 의한 지속적인 감찰과 탄핵을 받아야 했기 때문에 문과출신 관료는 수령직을 기피하였다.[38]

둘째, 관인예비군이 적체되어 있던 조선 후기에 수령직은 실직 진출의 최대 문호로서, 또는 부를 보장하는 관직으로서 대다수의 문신관료를 포함한 관인층들이 선호하였다. 그리고 문신관료의 회피 때문이라기보다는 우세한 가문의 배경을 가진 무·음관의 활발한 관직진출 의사의 반영 때문이라고도 할 수 있다.[39]

셋째, 조선 후기 정치적인 측면에서 두드러진 현상이라고 할 수 있는 비변사 유사당상 중심의 수령 추천권 행사 대상의 확대와 경제력의 증대 그리고 이로 인한 신분제 변동 등에 기인한 수령 피천권 대상의 확대 또한 그 이유 중에 하나이다.

넷째, 과거시험의 남설과 무·음관출신의 증가현상 그리고 일부 중앙통치권력층의 묵인과 비호아래 자행되는 분경활동을 통한 지방수령 진출 기도 역시 실직진출의 기회였던 수령직의 특성상 차견 수령의 출신과 분포 추이에 일정한 영향을 미치게 되었던 것이다. 특히 음관 및 소위 '백도'로 지칭되는 부류와 세도정치기 정권 담당자간의 경제적 밀월 관계(뇌물수수 등의 부정행위)와 일부 세력들과의 수령직 매매행위 또

쪽) 선생안에 보이는 부사의 출신을 보면, 1828년(순조 28) 김이위(金履㬜)가 음과출사자로 부사에 임명되면서부터 점차 음과출신자가 수령에 임명되는 경우가 증가하였다. 이후 1894년(고종 31) 박제진(朴齊晉)이 부사로 임명되었을 때까지 41명 중 문과 5명, 남반(南班) 21명, 음과(蔭科) 15명이 임명되어 대체로 남반이나 음과출신자가 부사로 임명되는 예가 증가하고 있어 강릉부와 비슷한 현상을 보이고 있다.

38) 이병걸, 「조선중기 문과 급제자의 진출」, 『동양문화연구』 3집, 1976, 118~121쪽.
    이성무, 『조선후기양반연구』, 일조각, 1980, 100~103쪽.
39) 구완회, 앞의 논문, 1982, 226쪽.

한 음관 수령 증가 현상의 원인이라고 할 수 있다.[40]

다섯째, 1894년 갑오경장 이전까지의 관료 충원 방법은 과거·취재·천거 등과 같은 세 가지 방법이 있었다. 갑오개혁 이전에는 음사에 의한 입관(入官)이 문과에 의한 것보다 약 2배가 많았다.[41] 그리고 명문 자제들에 의해 자행된 과거 부정과 잦은 특과의 개설, 수요 관직에 5배가 넘는 합격자의 배출 등은 파행적인 관리선발의 예가 된다. 또한 소수 명문 벌열가문의 자손뿐만 아니라 동생·조카·사위까지도 강력한 신분 배경을 통하여 입관(入官)할 수 있었다.[42] 결국 이들 음과출신자들은 벌열가문과의 친족 및 혈연관계를 매개로 하여 관료층에 쉽게 동화되어 갔던 것이다. 이로 인하여 음직출사자들이 부를 축적할 수 있는 기회로서 수령에 제수되었던 것이다. 이상 다섯 가지 견해에 추가하여 향촌 사회 동향과의 관계를 살펴보면 다음과 같다.

향청은 재지사족의 기반으로 활용되면서 수령권을 견제하고 향리를 규찰하는 역할을 하였다. 임란 이후 향촌 질서 재편 과정에 있어서도 조선 전기의 지속성을 유지하였다. 그러나 수령 주도 향약이 시행되는 17세기 중반 이후부터는 하부 행정 조직화되어 읍리를 감독·감찰하고 향풍을 규찰하는 정도였다.

따라서 향임은 적기에 서명하던 일, 창고 곡식의 출입을 수령에게 보고하던 일, 사망자를 검시하던 일, 면임을 천거하던 일, 청원이나 소송을 처리하는 일, 수령이 없을 때 수령권을 대행하여 일체의 읍의 사

---

40) 임승표, 「18·19C 문·무·음관읍제 -『여지도서』와 『청운보』의 수령 출신사료 분석을 중심으로-」, 『民族文化』 16집, 민족문화추진회, 1993, 212~213쪽.
41) 정약용, 『경세유표』, 天官修制 三班官制("文臣之初入仕 其窠三十有六選 而陞之者 十有二窠 散而陞之者 二十有四窠").
42) 김영모, 『조선지배층연구』, 일조각, 1986, 36~97쪽.

무를 처리하던 일 등 지방 통치 업무 전반에서 작용하였다. 이와 같은 직임의 변화는 재지사족 중심의 비공식 기구였던 향청 또는 향회를 지방행정의 하부 조직으로 점차 변질시켰다.[43] 더 나아가서는 균전의 관리 운영, 농민 파악과 농업 생산력의 유지, 수취 체제의 운영, 죄인 추쇄 등을 향좌수·향정·이정·통장 등에게 위임하였다.[44] 또한 17세기 중반 이후부터 실시되었던 관주도의 향약으로 사족 중심의 향약 시행에 중추적 역할을 하였던 향청이 수령권에 예속화되었다. 따라서 수령권에 대한 견제세력은 점차 약화되어 갔다.

이처럼 견제세력의 약화 및 예속화는 수령권 남용의 형태로 변질되어 향촌사회 내부에서 수령과 사족 그리고 이족간의 수탈 구조를 형성하였을 뿐만 아니라[45] 19세기 이후에는 향촌 사회의 수취 구조에 대한 구조적 변화를 유발시켰다. 결국 이러한 변화 요인 때문에 권문세가와 연결된 음관출신 수령이 증가되었던 것이다.

따라서 이는 중앙 정부의 지방에 대한 통제력 약화로 이어졌고, 또한 수령권에 대한 중요성이 희박하여졌음을 의미하기도 한다. 또 지방 통치에 있어서 하부행정체계의 구축과 수령·향리·토호와 연계된 수탈구조 형성은 수령직이 제대로 수행되지 못했다는 것을 반증하는 것이다.

(2) 품계변화

고대 이후부터 강릉은 영동지방의 군사 및 행정권을 총괄할 수 있

---

43) 이희권, 「조선후기 지방통치제도 연구 -향청의 기능을 중심으로-」, 『국사관논총』 2집, 국사편찬위원회, 1991, 109쪽.

44) 『관동읍지』 강릉대도호부 선생안("縣監崔錫祐 丙午七月初七日到任 同年十月二十五日 座首推捉 以假鄕所論報代送 監司論 啓罷職")

45) 『정조실록』 권16, 정조 7년 11월 정유조.

을 정도의 거읍이었다. 따라서 선초에 들어서도 당상관 이상이 수령에 제수되었다. 1430년(세종 12) 윤12월 17일에 2품관으로서 김사청(金士淸)을 임명하였으나 나이가 70세 이상이어서 임명을 취소하였다. 그리하여 재 임명시 2품관에만 한정하지 않고 2품 또는 3품관의 관원들 중에서 합당한 인물을 추천하라고 하였다.46) 이처럼 강릉대도호부는 선초의 관례에 따라 2품관을 부사로 추천·임명되었음을 살필 수 있다.

그 까닭은 고려 말 일부 군사적 중요지에 수령을 파견하여 행정적인 면보다는 군사적인 기능을 부여하여 일읍에 대한 모든 권한을 일임시킴으로서 지방 통제를 강화하고자 하였던 것에 기인한 듯 하다.47) 그리고 1455년(세조 1)에 연해 지방의 왜적의 침입에 대비하기 위해 연해와 내지를 각각 익군제로 정비하면서 핵심 지역인 중익이 좌익과 우익을 분속 관할 할 수 있도록 하는 진관체제로 개편·정비되었다.48) 이에 수령의 칠사49) 중 군사 업무와 직책을 모든 수령이 겸하고 있었으므로 거읍의 수령은 적어도 군사적인 면에 있어서 인접 지방을 지휘·통솔해야 하므로 상위 품계의 수령을 제수하였던 것이다.

따라서 『경국대전』이 반포되어 집행되기 전시기, 즉 군현제 정비와 지방 행정구역의 통폐합이 완성되기 전까지는 적어도 인근 지역 수령

---

46) 『세종실록』 세종 12년 윤12월 17일("吏曹判書權軫啓 江陵大都護府也, 例遣二品官 乃以金士淸 爲牧使 今聞士淸年 踰七旬 不宜守令 上曰 年過七十者 必不得已 任之 則當賜机杖 差遣三品 何害 更選人以聞")

47) 김동전, 「조선초기 수령제도 연구」, 『사학지』 21집, 단국대학교 사학회, 1989.

48) 『세조실록』 세조 1년 9월 계미조.

49) 『경국대전』 권1, 이전 고과조에 '농사와 양잠업이 흥성하고, 호구가 증가하고, 학교(學校)가 흥왕(興旺)하고, 군정(軍政)이 수정되고, 부역이 균평하고, 사송이 간소하고, 간사하고 교활한 무리가 없어지는 것'과 같은 일곱가지를 말한다.

과의 관계가 관습상 상하 관계를 유지하였던 것 같다.[50] 이는 1484년 (성종 15) 의금부의 제의에 따르면 강릉부 수령인 구치홍(具致洪)은 영동지방의 각 수령들뿐만 아니라 군직 종사자들에게까지 뇌물을 요구한 죄로 임명장을 빼앗기고, 인접 지방 수령·첨절제사·만호 등도 1등급씩 감해지는 처벌을 받았다.[51] 이로 미루어 보아 당시에 거읍의 수령이 인근 지역의 작은 수령들과 군직 종사자들에게까지 영향력을 행사하였음을 확인할 수 있다.

이와 같이 선초 2품관을 강릉 대도호부사로 임명하였는데, 1392년 (태조 원년)부터 『경국대전』의 거듭된 수찬이 완료되는 『을사대전』[52] 즉 1485년(성종 16)까지의 강릉부에 임명된 32명의 수령들에 대한 품계를 살펴보면, 병마절도사를 겸직한 2명을 포함하여 총 5명이 종2품의 품계로서 부사에 임명되었다.[53]

한편 김사청에 대한 수령직 제수에 대한 논란이 있은 다음 해인 1431년(세종 13) 1월 12일 이조의 계에 따르면, 전리·군부·판도·전법·

---

50) 이인재, 「고려말안렴사와 도관찰출척사」, 『역사연구』 2호, 역사학연구소편, 1993, 68쪽 참조 ; 태조 2년 11월 12일 교주강릉도에 원주·회양·춘주·.강릉·삼척을 계수관으로 정하였으며(『태조실록』 태조 2년 11월 12일조), 이 보다 두달 앞서 태조 2년 9월 13일 안렴사를 폐지하고 여말의 관찰출척사를 회복하면서 국초 명장인 柳亮을 임명하였다(『태조실록』 태조 2년 9월 13일조).

51) 『성종실록』, 성종 15년 4월 16일조.

52) 『경국대전』은 1471년(성종 2) 정월 『신정경국대전』으로 처음 시행되었다. 이후 누락된 부분과 개정부문이 있어 1473년(성종 4) 1차 수찬을 완성하여 이듬해 2월 1일부터 시행되었다(『갑오대전』). 또한 1481년(성종 12) 대전 규정의 난해와 적용의 어려움을 이유로 개정의 필요성이 대두되었기 때문에 개수에 착수하여 1485년(성종 16)에 완성되었다(『을사대전』). 이로써 거듭된 수찬의 과정을 거친 『경국대전』이 확정되었던 것이다(박병호, 「경국대전의 편찬과 반행」, 『한국사』 10, 국사편찬위원회, 1981, 255~258쪽).

53) 『임영(강릉·명주)지』, 관안조, 1975, 476~477쪽 참조.

의례·전공 등 육전을 기록한 김구용(金九容)의 『주관육익』[54)에 의거하여 외관에 대한 품질을 군현의 대소에 따라 정하고 있음을 살필 수 있다.[55)

이후 『경국대전』이 반포될 때에도 유수관 또는 유수사가 명칭만 부윤으로 바뀌었을 뿐, 세종 13년 이조에서 올린 계서를 따르고 있었다.[56) 즉 『경국대전』의 반포로 법적 체계화가 마련되었던 것이다.[57) 1865년(고종 11)에 편찬·반포되는 『대전회통』역시 종4품 지군사의 명칭이 군수(郡守)로만 바뀌었을 뿐,[58) 그 외는 모두 앞의 예들과 같은 것으로 보아 외관(外官)에 대한 품계는 크게 변화되지 않았다. 그러나 수령 임명시 규정과 실제는 차이를 보이고 있다.

강릉부선생안에 보이는 200명 중 출사 성분 및 품계가 명확하지 않은 18명을 제외한 182명에 대한 제수 당시 실태를 살펴보면 다음과 같다. 정2품 정헌대부 서문중이 1692년(숙종 18) 7월 22일 부임하여

---

54) 金九容(忠肅王 卽位 7年(1338)~禑王 10年(1384))에 의하여 기록된 법전의 일종이다.
55) 『세종실록』 세종 13년 1월 12일("吏曹啓 外官品秩 請依周官六翼 從二品留守官 正三品大都護府·牧官 從三品都護府 從四品知郡事 從五品判官縣令 從六品縣監 從之")
56) 『경국대전』 권1, 이전 외관직조 참조.
57) 『경국대전』 권1, 이전 외관직조에 기록된 강원도 지방 수령들의 품계.

정3품	종3품	종4품	종5품	종6품
2	5	7	3	9
강릉·원주	회양·양양·춘천·철원·삼척	평해·통천·정선·고성·간성·영월·평창	금성·울진·흡곡	이천·평강·금화·낭천·홍천·양구·인제·횡성·안협

58) 『대전회통』 권1, 이전 외관직조.

1694년(숙종 20)까지 21개월 8일간 수령직을 수행하였다. 종2품의 가의 및 가선대부가 임명된 것은 전체 제수자 중 29명으로서 14.5%에 해당한다. 이 중 가의대부는 5명이고, 가선대부는 24명이다. 또한 유세덕(柳世德, 재임기간：1770년 5월~1771년 4월) 1명만이 가의대부로서 무과출신자로 나타나고 있다. 그리고 대전의 법규에 합당한 품계인 정3품 당상관 통정대부가 79명, 당하관 통훈대부가 73명인데, 합하여 152명이다. 이는 전체의 76%를 차지하고 있어 대체로 대전(大典)의 규범을 따르고 있음을 알 수 있다.

그런데 79명의 통정대부 중 2명[59]이 무과 출신자로, 정3품 당하관인 통훈대부 73명 중 20명이 음과출신자(〈표 1〉 참조)로 나타나고 있으므로 보아 152명 중 22명에 해당하는 14.47%가 출사 성분의 원칙에 제대로 적용되지 않았음을 확인할 수 있다.

이것을 품계 및 성분별로 구분하여 시기별 추이를 분석하면 다음 〈표 2〉와 같다. 〈표 2〉에서와 같이 정2품(정헌대부)과 종2품의 가의 및 가선대부는 전체 200명 중 30명으로서 약 15% 정도인데, 이 중 가선대부가 24명에 이르고 있다. 특히 1805년 7월 13일에 부임한 이유경(李儒慶)이 1807년 11월 교체된 이후부터 종2품 이상 품계를 가진 자가 부임하지 않고 있음을 볼 수 있다.

그러므로 전체적으로 대전의 규정에 따른 정3품 당상 및 당하관의 임명은 잘 지켜지고 있었다. 그러나 임란 직후인 1600년부터 1640년까지는 25명의 수령 중 당상 이상의 수령만 22명으로서 대체로 상위 품계의 수령이 임명되었다. 그리고 1641년부터 1700년까지는 43명의 수령 중 26명이 하위 품계인 당하관으로서 임명되고 있음을 볼 수 있다.

---

59) 『관동읍지』 강릉부편 부선생안조에 1773년 임명되었던 이장혁(李長爀)과 1841년 7월에 임명되었던 유창근(柳昌根) 두사람이 무과 출신자로 기록되어 있다.

〈표 2〉 품계별 임명실태

구분		1601~1700				1701~1800						1801~1894				계
정2품					1											1
종2품	가의대부	2	2								1					5
	가선대부	2	6		2	1	2		2	2	4	2				24
정3품	통정대부	6	4	1	2	9	4	7	6	11	10	8	7	3	1	79
	통훈대부	1	2	12	9	5	6	7	6			1	8	11	5	73
불명					1										17	18
計		11	14	13	14	16	12	15	14	14	14	11	15	14	23	200

※ 위의 표는 『관동읍지』와 『임영지』 선생안을 종합 · 정리한 것임.

또한 1701년부터 1760년까지는 당상관과 당하관이 교차·임명되었으며, 1761년부터 1820년까지는 당상관인 통정대부의 품계를 가진 자는 35명의 수령 중 29명이었다. 한편 1821년부터 1894년까지는 앞서와는 반대로 정3품 당하관 통훈대부로서 출사 성분이 음직인 자가(〈표 1〉 참조) 제수되고 있음을 살필 수 있다.

이처럼 시기별로 품계에 차등을 둔 것으로 보아 읍세의 변화나 향촌 사회 모든 세력의 동향, 부세징수 방법의 변화, 그리고 영장제와 방어사제·토포사제와 같은 지방 군사조직의 개편상황 하에서 수령의 영장·방어사·토포사의 겸임 여부 등에 기인하였던 것임을 알 수 있다. 그리고 수령 임명 시 대전의 준수를 기본 원칙으로 하였지만, 실제로는 당시의 사회상을 반영한 인사 관행이 이루어졌기 때문으로 보인다.

첫째, 임란 직후인 17세기 초 양란을 겪으면서 문란해졌던 향촌 사회의 질서를 복구하기 위한 강력한 통치력의 부재와 임란 이후 향촌 사회의 질서 재편성 과정에서 재지세력의 영향력 강화를 위한 활동들이 활발히 추진되고 있었다.

특히 강릉지방 재지세력들은 향약을 시행하였는데, 처음 시행은 정덕연간(正德年間)에 김윤신에 의하여 실시되었다.[60] 그리고 임진왜란 직후인 1600년(선조 33) 최운우에 의하여 '연곡향약'이 실시되었다. 이 '연곡향약'은 김윤신과 이이의 향약 그리고 여씨향약을 토대로 하여 마련된 것으로서[61] 김윤신의 향약이 시행된 이후 갖추어졌던 향촌 질서를 재건하여 향촌에 대한 영향력을 연속적으로 유지하고, 임란 후 혼란하였던 향촌 질서를 재정립하려는 재지세력의 움직임으로 볼 수 있다.[62]

한편 '연곡향약'의 절목에 따르면, 향소는 향리와 민간의 풍속 규찰을 주요 임무로 하였다. 그리고 향리와 관속들이 민간을 작폐하거나 일을 그릇되게 하거나 또는 품관을 능멸하면 관에 이를 알려 치죄하도록 하였다. 또한 향소에서 향리와 관속들에 대한 허물을 통지하였으나 수령이 보고를 불신하였을 경우 일제히 모여 그들에게 벌줄 것을 다시 요구하였다.[63] 이는 관권과의 협조 관계 유지와 수령권에 대한 견제를 확고히 하고자 하는 의도를 엿 볼 수 있다.

그리고 17세기 중반 이후부터는 황폐화된 농경지의 복구, 생산 인구의 확보, 영정법의 시행, 공물의 전세화, 군역변통과 같은 부세체계의 변동이 있었다. 아울러 관권에 대한 재지사족의 일정한 양보 하에 상·

---

60) 『江陵金氏玉街派譜』, 金潤身條("正德年間 謝官歸鄕 著鄕令一篇 一鄕至今遵行")
『輿地圖書』, 江陵府 人物條("金潤身 登第 官至舍人 條例鄕約 規正風俗")

61) 『江陵鄕賢祠十二先生行錄』, 金潤身條("爲鄕座首 著鄕令一篇 一鄕遵行之 … 李栗谷·崔蹈景諸先生 依呂氏鄕約 潤色之")

62) 이규대, 1988, 「17C 강릉지방의 사족과 향약조직」, 『영동문화』 3집, 관동대학교 영동문화연구소, 1988.

63) 방동인·이규대 편저, 『영동지방향토사연구자료총서』(Ⅰ), 鄕約篇, 連谷鄕約文 患難相恤條, 관동대학교 영동문화연구소, 1989("鄕所專掌糾檢吏民風俗者 若有鄕吏官屬 汎濫用事 作弊民間 凌辱品官者 告官治罪 可治罪而不治者 則鄕所有罰 若城主不信鄕所之言 而吏輩官屬之罪關 重則一鄕齊會 立庭請罪").

하가 참여하는 동약의 시행과 사족 중심의 향약보다 수령의 통제력을 보다 더 효율적으로 행사할 수 있는 수령 주도의 향약, 즉 관주도의 향약이 시행되었다.[64] 이처럼 재지세력들이 향촌 사회에서 상당한 영향력을 과시하였으며, 또한 재지세력의 요구에 대한 지방장관의 불신에 조직적인 저항을 할 수 있는 공동 규범을 마련하였던 것이다.

둘째는 재지사림세력들의 성리학 보급을 위한 장소로서 건립된 서원은 향촌 사회의 공론 형성처로 큰 역할을 하였다. 이러한 재지사족의 공론에 민감해야 했던 수령은 서원의 건립에 협조적이었다. 이에 강릉지방의 서원은 1556년(명종 11) 세워지는 오봉서원이 그 시초이다. 이 서원은 1555년(명종 10) 함헌이 이천부사로 있다가 병으로 사직하고 강릉부의 교수로 있을 때, 최수장·최운원·최운우 등이 그를 방문하여 서남 지방과 같이 문풍을 진작시키고, 또한 사림의 학문적 토대의 마련이라는 근본적인 목적 하에 개인이 아닌 재지사림들의 논의를 거친 후 건립하게 되었다.[65] 특히 건립에 참여하는 인물 중 최운우는 앞서 살핀 바와 같이 임란 직후 향촌 사회 질서를 재건하기 위해 향약 실시를 주도하기도 하였다.

1624년(인조 2) 이이를 배향한 송담서원은 사인 김경시(金景時)가 동지들에게 번번히 건립을 발의하였으나 임란을 만나 일을 성사 시킬 수 없었다. 1617년(광해군 9) 이에 대한 논의가 있었으나 국가에 일이

---

64) 이규대, 『조선후기 영동지방의 향촌지배구조에 관한 연구』, 중앙대학교 박사학위논문, 1991.

65) 『五峯書院實記』 "十年乙卯 咸公以伊川府使病退 爲本府教授 是年秋 秀林崔壽將·廣川崔雲遠·香湖崔雲遇 往訪語及 我國西南多建書院 吳鄕 素稱文獻 蓋亦建乎 咸公欣 然曰 今日是議 不可緩也 遂相地于邱山南澗 又與前教授崔 德玲·進士權大均·生員沈淹 偕往卜基 稟告于 府使洪公春年 議換基田洪侯即牒 許 以官屬嗚少年者 定院直 又白監 司西林尹公仁恕 咸公遂發 求助書于鄕中"

많고 백성들이 안정된 생활을 할 수 없는 상황이었기 때문에 실행될 수 없었다. 다시 1624년(인조 2) 동지들과 의논한 후 힘을 모아 석천묘를 건립하게 되었다.[66]

이와 같이 당시 재지사림들은 양란으로 인해 피폐해진 민의 생활을 고려하고 서원의 건립을 미루어 오다가 점차 향촌 사회가 안정을 찾아가자 재차 논의를 거쳐 향중의 공론으로 서원을 건립하였다.

그리고 이러한 활동들은 사족 중심의 향론 형성에 기여했고, 또한 향촌지배세력으로서 확고한 토대를 마련하는데 중추적인 계기가 되었다. 더 나아가서는 수령에게 재지사족과 일정한 타협 속에서 지방 통치를 효율적으로 운영할 수 있는 계기를 제공하였던 것이다.

따라서 중앙 정부는 수령택차에 있어서 신중을 기하지 않을 수 없었으며, 더욱이 난전(亂前)의 지방통치체제를 지속하기 위한 지방 관제의 합리적인 운영이 절실히 요구됨에 따라 여러 가지 시책을 마련하였다. 이에 지방 통치에 대한 중앙 정부의 통제력 부재 현상이 임진왜란 직후 나타나고 있었다. 이에 대한 내용은 1600년(선조 33) 2월 1일 사간원의 제의를 통해 확인할 수 있다.[67]

이는 임란 직후 중앙 정부가 군량확보를 위한 정책에서 제시된 것으로 지방관들은 군량 충당에 따른 품계 상승을 꾀하고 일반 백성들의 고혈을 짜내어 국가에 상납하므로 지방관 본인의 영달을 위한 직책으로 변질되어 그 폐해가 심각하였다. 중앙 정부 또한 수령에 대한 관리를 철

---

66) 『臨瀛誌』 傳記條 "辛卯年間 舍人金景時 首發是議于同志 遍喩一鄕 將擧是役 適値壬辰之亂 議不克遂 丁巳又有是議 而國家多事 民不聊生 又爲寢議 幸今 聖明圖治 庶有泰淸之化 欲速是設 只緣事巨力綿 恐不克遂 告于朝野同志 不計豊弱 隨力隨出 卑遂重道之地 幸甚"
67) 『선종실록』 권122, 선종 33년 2월 을해조.

저히 못하고 재정 확충이라는 목적 하에서만 이런 시책을 시행하고 있어 실제로 백성과 가장 밀접한 관계가 있는 수령에 대한 통제에 허점을 드러내 보이고 있었다. 더욱이 포상의 적용에 있어서 대전의 규범[68]을 따르지 않았으며, 수령 고과 역시 선·악정에 대한 정확한 검증 없이 임의적으로 실시하고 있음을 살필 수 있었다.

그리고 정부는 진휼미 마련을 위하여 해당 조에 토지의 규모에 따른 조세 징수세칙 마련을 지시하였다. 이는 수령들의 무규칙적인 조세 징수를 방지하고, 또한 전쟁 직후 구제와 곡식의 탕진을 보충하고자 함에 있었다.[69]

한편 문란해진 전제의 복구를 위하여 전국적인 양전사업의 실시를 주장하였다. 이것은 국가 수입의 증대를 위함과 아울러 정확한 양전의 파악이 안정적인 조세 징수를 위해 필요하였기 때문이었다. 또한 어사를 비롯한 감찰관을 수시로 파견하여 수령들의 부정행위에 대해 철저히 조사하여 태벌 또는 파출을 실시하자고 하였다.[70]

위와 같은 작폐와 함께 임란 직후 수령 임명에 대한 폐가 심각하게 대두되었는데, 법규에 따른 합리적인 지방 통치보다는 음사에 의해 출사한 관리들에게 임명의 우선권이 부여되고, 직임에 적당한 품계를 가진 자를 관직에 제수하지 못하는 등의 폐단이 지적되었다.[71]

이에 정부는 문란해진 법전을 재정비함과 아울러 각 지방 관청에 보

---

68) "外官 則觀察使每六月十五日 十二月十五日 等第啓聞 十考者 十上則賞加一階 二中 於無祿官敍用 三中罷職 五考三考二考者 幷一中 勿授右職 二中罷職 堂上官守令一中罷職"(『경국대전』권1, 이전 褒貶條)

69) 『선종실록』 선종 33년 2월 병인조.

70) 『선종실록』 선종 34년 8월 무인조.

71) 『선종실록』 선종 34년 9월 무신조.

관 중이던 법전의 소실로 규범에 의한 통치가 어렵다는 인식을 하고 법전 보완 작업을 실시하였다.

또한 임란 이후 별 계책 없이 마련된 구차한 사목과 정령을 일체 혁파하는 조치를 내리기도 하였다.[72] 그리고 특별한 경우를 제외하고는 문관에게 임명의 우선권을 주어 해당 직임에 대한 중요성을 강력하게 인식시키려고 하였다.[73]

이러한 폐에 대한 지적은 실학자들의 견해에서도 나타나고 있었다. 우선 유형원은 인사문제에 있어서 '진용현재(進用賢材)' '양재수직(量材授職)'의 원칙 하에 취사를 위한 제도로서 공거제를 제시하였다. 즉 인재등용을 위해서는 문벌·적서차별과 같은 세습적인 제한 조건을 폐지하고, 재덕 위주의 관리 선발을 해야 한다는 것이다.[74] 박제가는 과거 합격자를 많이 배출한 탓으로 과거를 통해 관직에 진출하려는 사람이 실제로 관직에 진출하지 못하는 폐단을 지적하면서 과거제의 개혁이 시급하다고 하였다.[75] 정약용은 청직을 폐지시키며, 문벌만 숭상하고 비천한 사람은 훌륭해도 벼슬길이 막히는 풍속이 없어질 것이라고 하였다. 또한 당색에 의한 관리 임용의 폐단이 없어 질 것이라고 주장하였다. 따라서 백성을 위한 관직 설치와 직사에 적합한 관원의 배치를 주장하면서 관리 임용의 폐를 지적하였다.[76]

이상과 같이 임란 직후 중앙 정부는 7년간의 전쟁으로 인하여 문란

---

72) 『선종실록』 선종 34년 9월 정묘조.
73) 『선종실록』 선종 33년 8월 기축조.
74) 김준석, 『조선후기 국가재조론의 대두와 그 전개』, 연세대학교 박사학위청구논문, 1990, 208쪽.
75) 박제가, 『북학의』, 外篇科擧論.
   한우근 · 이성무 편저, 『사료로 본 한국문화사』, 조선후기편, 일지사, 1985.
76) 정약용, 『여유당전서』 권11, 職官論.

해졌던 지방에 대한 통치력 회복의 차원에서 법전을 재정비하였다. 이는 무규칙적인 조세 징수의 방지, 그리고 수령 임명에 대한 원칙 등과 같은 통치 형태를 전쟁 이전 상태로 회복시키고자 하는 의도임을 살필 수 있다.

또한 17세기 중반 이후 재지사족 중심의 향약시행 및 서원건립운동 등은 문란해진 향촌 질서에 대한 자치적인 복구 의지를 의미한다. 게다가 수령 중심의 향약시행은 사족을 비롯한 백성들에 대한 공동체적 규범을 마련해 줌과 동시에 지방에 대한 통치력 회복과 왕권에 대한 관리·감독의 철저 그리고 재지세력과의 상호보완적 관계의 필요성에 따라 실시되었다. 이를 위하여 정부는 〈표 2〉에서 볼 수 있듯이 2품관을 부사에 임명하였던 것이다.

그리고 18세기를 전후해서는 재지사족 중심의 향촌 사회가 크게 변동되었다. 예컨데, 향권의 의미가 심각하게 변질되고 있었을 뿐만 아니라 선초 이래로 향권을 장악하고 있었던 사족 중심의 향촌 질서가 점차 약화되었다. 이와는 반대로 그간 사회·경제적 부를 축적하였던 부민층을 비롯하여 이족·향족에게로 향권이 전환되면서 기존의 수령과 재지사족과의 상호보완적인 관계 하에 형성되었던 향권이 수령과 이족·향족에게로 전환되었다.

그러나 19세기에는 이러한 관계마저도 수령권과 결탁한 수탈 관계로 변형되었고, 또한 각종 조세 부담이 공동납 형태로 바뀌었다. 그러나 그 부담은 사족이나 이족과 같은 재지세력에게 미치지 못하였다. 반면에 요호부민을 비롯한 일반 민중들에게 부담이 과중되어 官 주도의 향촌통제책이 점차 위축되었다.[77] 결국은 중세적 관료 체제가 와해되어

---

77) 김인걸, 『조선후기 향촌사회 변동에 관한 연구 -18·19세기 '향권' 담당층의 변화를 중심으로-』, 서울대학교 박사학위청구논문, 1991.

지는 과정을 입증하여 주는 것이다.

따라서 〈표 2〉의 강릉부 수령의 품계별 임명 실태에서 볼 수 있듯이, 18세기까지는 2품관을 비롯하여 정3품 당상관 이상이 수령에 제수되고 있었다. 그러나 19세기 이후에는 47명 중 과반수가 넘는 25명이 정3품 당하관인 통훈대부로서 수령에 임명되고 있었다. 그러므로 점차 수령에 대한 천거 및 제수 방법의 문란과 향촌 사회에 대한 관권의 비합리적인 운영은 향촌 사회에 대한 중앙 정부의 통치권이 약화되고 있음을 의미하는 것이라 할 수 있다.

한편 일부 학자들은 음관 및 하위 품계가 수령에 제수되는 까닭을, 수령에 의한 지방 통치 강화의 일차적 목적이라고 할 수 있는 원활한 조세 수취가 해당 지방의 호구 수와 밀접한 관계가 있다고 주장하였다.[78]

그러나 19세기 이후 강릉부 수령 제수자 중 음과출사자인 당하관 정3품 통훈대부가 점차 증가하는 추세는 인구의 변동이 크게 발생되지 않고 있음을 볼 때,[79] 단순히 호구 수의 감소 때문이라기보다는 당

---

78) 윤정애, 「조선후기 수령대책과 그 인사실태」, 『국사관논총』 17집, 국사편찬위원회, 1990.
79) 『여지도서』(1757~1765), 『호구총수』(1789, 서울대학교 고전총서), 『관동읍지』, 『임영지』, 전지 및 속지(1991, 강릉문화원에서 복간한 구지 참조) 호구조를 참조하여 호구변동을 살펴 본 결과 다음과 같다.

區分		여지도서 (1757~1765)	호구총수 (1789)	관동읍지 임영지 전지와 동	임영지 (속지)
戶		6,756	6,468	6,360	6,611
口	小計	31,919	34,324	28,540	33,476
	男	14,661	17,065	11,088	16,489
	女	17,857	17,259	17,452	16,987

시의 중앙 정치세력의 변화나 향촌 사회의 변동과 같은 사회상과 관련된 현상이라고 보아야 할 것이다.

이상에서와 같이 정조대까지만 하여도 수령은 왕권의 대행자로서 지방통치에 중추적 역할을 하였다. 그렇지만 19세기 세도정권 하에서 왕권의 통제력이 약화되자 왕-관찰사-수령과 같은 지배 구조의 체계만 유지하였을 뿐, 그 구조 속에 세도가 대신 암행어사까지 포함되었던 것이다. 따라서 사실상 국가통제가 약화되었으며, 항상적 비리를 재생산하는 수탈 구조로 변질되었던 것이다.

이러한 지배 구조의 변질과 향촌 사회 자체에서의 변화상 즉 향권 담당층의 변화와 수취 방법의 변동 등은 결국 수령권의 강화 정책으로 나타났지만 실질적으로는 향촌 통제의 약화를 의미하는 것으로 볼 수 있다. 더 나아가서는 수령으로 진출하려는 일차적인 목적이 개인적 이익의 충족에 있음을 볼 때, 선정을 이루려는 목민관보다는 수탈관으로 보아야 할 것이다.[80]

그러므로 임란 직후부터 정조대까지는 수령이 왕권의 대행자로서 관 주도 향촌 지배 강화와 수취 체제의 활용에 있어서 원활한 역할을 수행하였기에 조선 정부의 입장에서는 수령권에 대한 중요성을 인식하였다. 그리고 수령 임명시 철저를 기하였다. 그러나 19세기 이후에는 향촌 통제나 국가적 수취의 목적에서보다는 권문세가의 세력 확대나 개인적 부의 충족을 위한 목적에서 그들과 관련된 인물들이 천망(薦望)되어 수령에 제수되었던 것이다. 이에 수령은 중앙 정부의 지방 통치에 있어서 중추적 역할을 효과적으로 수행할 수 없게 되었다.

이러한 현상은 19세기 이후 왕권의 약화에 따른 벌열가문의 세력

---

80) 고석규 외, 「18·19세기 봉건모순의 심화와 '민'의 성장」, 『역사와 현실』 제3호, 한국역사연구회, 1990, 124쪽.

강화와 향촌 사회의 내부적 변화에 기인한 수령제 운영에 대한 구조적 모순의 극대화로 표출되었다. 더욱이 수령 제수자 중 벌열가문과 관련된 다수의 음직출사자들이 수령에 임명됨에 따라 개인적 치부의 수단으로서 수령직을 이용하게 되었던 것이다.

(3) 교체실태

하급 관료로서 중앙 고위 관직에 진출하기 위해서는 꼭 거쳐야만 했던 직임이 외관직이다. 특히 경관직에 있던 관원도 외직에 순환·보직되도록 되어 있었다.[81] 그런데 일부 수령에 제수된 사람들 중에는 수령 진출을 중앙 관직에 진출하기 위한 기회로 여겼기 때문에 부임 후 개인적인 사유로 빈번히 사체(辭遞)하는 폐단이 발생하였다.[82] 이에 법적으로 수령의 임기를 제정하여 시행하였는데, 관찰사와 도사는 360일, 수령은 1800일, 그리고 당상관 및 미설가수령(未挈家守令), 훈도는 900일로 각각 재임 기간을 달리하여 제정하였다.[83]

이와 같은 임기제의 시행에 있어서 여러 번의 변화를 겪었는데, 태조·태종 때에는 30개월(3년)이었다. 세종은 경·외관의 빈번한 교체에서 초래되었던 전곡지임(錢穀之任)의 반고(反庫)와 해유문제 그리고 영송(迎送)의 폐단 등을 시정코자[84] 하륜·유정현·허조 등이 태종대부터 주장한 수령6기법을 소장 관료의 강한 반대에도 불구하고,[85] 향촌에 대한 통제권의 강화와 빈번한 교체에 따른 폐단 방지를 위하여

81) 『세종실록』 권54, 세종 13년 10월 무신조.
82) 『세종실록』 권52, 세종 13년 5월 17일.
83) 『경국대전』 권1, 이전 외관직조.
84) 『세종실록』 권32, 세종 8년 4월 乙亥條.
85) 『세종실록』 권28, 세종 7년 6월 乙丑條.

그대로 시행하였다.[86] 그러나 수령 구임지법(久任之法)의 실시에서 나타나는 잇단 폐단[87]과 관인이라면 누구나 지속적인 승진을 지향하고, 또한 외직보다는 경직에 제수되기를 원하는 소장 관료들의 의지[88]에 따라 구임지법에 대한 반대는 계속되었다. 이에 대하여 세종은 경관과 외관에 대한 가자의 불균형과 승진차별[89]을 개선하려는 의미에서 1442년(세종 24) 경관에 대한 행수법[90]을 실시하고, 이듬해 외관에까지 확대 실시하였다.[91] 게다가 행수법 시행으로 인한 외관원의 피해가 없도록 하기 위한 방안까지 마련하였던 것이다.[92] 이에 수령 구임지법은 단종 때까지 60개월(6년)로 운영되었다.

그러나 세종은 잦은 교체에 따른 향촌민들의 수령에 대한 인식 저하, 재지사족들의 수령에 대한 저항 의식을 약화, 그리고 중앙집권적인 체제 강화 등의 목적에서 구임지법의 계속 실시를 주장하였다. 그러나 경직에 대한 선호도[93]가 여전하여 수령 구임지법은 1462년(세조 8)에 3기제(30개월)로 환원되었으며,[94] 성종때 6기제에 3기제를 보완한 임기제를 확정하여 조선 후기까지 큰 변동 없이 시행되었다.

---

86) 『세종실록』권24, 세종 6년 4월 庚午條.
87) 『세종실록』권28, 세종 7년 6월 庚子條 ; 『세종실록』권52, 세종 13년 4월 庚子條 ; 『세종실록』권54, 세종 13년 10월 丁未條 ; 『세종실록』권77, 세종 19년 5월 己酉條 ; 『문종실록』권6, 문종 원년 2월 丁酉條.
88) 『성종실록』권88, 성종 9년 정월 庚辰條.
89) 『세종실록』권97, 세종 24년 7월 乙丑條.
90) 『세종실록』권97, 세종 24년 7월 丁丑條.
91) 『세종실록』권101, 세종 25년 7월 庚午條.
92) 『세종실록』권101, 세종 25년 7월 庚辰條.
93) 『성종실록』권94, 성종 9년 7월 丁亥條.
94) 『세조실록』권28, 세조 8년 6월 辛卯條.

이러한 성문화된 수령임기제의 시행에도 불구하고 조선 시대의 수령은 임기 만료·징계·사직 또는 전직 등에 의한 교체[95]가 빈번하여 관료들의 기강이 해이해졌고, 영송에 따른 주민의 경제적 부담을 과중시켰다. 이에 중앙 정부는 수령에 대한 통제에 어려움을 겪었다. 따라서 세도정치가 시작되는 19세기 이후 수령 취재와 임용의 극심한 문란과 수령의 작폐로 '민'들의 항조운동 등이 발생하게 되었다.

이와 같은 문란 속에서 수령들의 교체는 여러 가지 사유에 따라 각기 다르게 나타났다. 예컨대, 정약용은 『목민심서』에, 크게는 4개의 유형으로 구분하였고, 이를 더 세분화하여 총 28가지로 나누었다.[96] 한편 이원균은 『동래부선생안』을 근거로 瓜滿·懲戒·辭職 또는 轉職 등 3가지로, 임선빈은 慶州·安東·永川先生案을 기초로 하여 瓜滿·轉職·辭職·罷職·當喪·相避·卒·其他·不明 등 9가지 형태로 분류하였다.[97]

앞서 설명한 분류의 근거를 바탕으로, 강릉부선생안에 등재된 사

---

95) 李源鈞, 앞의 논문, 1979. 交遞事由 分類 參照.

96) 丁若鏞, 『牧民心書』, 解官六條 遞代 "遞代之名, 摠有二十, 一曰瓜遞(六年三年瓜期滿), 二曰陞遞(自縣而郡自府而牧類), 三曰內遞(移付京官 職), 四曰召遞(以三司京院承召), 五曰換遞(與他邑相換), 此五者名之曰 順遞者也, 六曰避遞(與上官有親烟之避), 七曰嫌遞(與上官有先世嫌忌), 八曰來 遞(新官忽自補外來), 九曰疏遞(上疏乞遞而蒙允), 十曰由遞(受由歸家不還任), 此五者名之曰徑遞者也, 十一曰貶遞(考課中下等), 十二曰黜遞(狀啓罷黜者), 十三曰駁遞(臺閣彈劾者), 十四曰拿遞(以前事或公罪被拿罷), 十五曰封遞(暗行御史封庫者), 此五者名之曰 罪遞者也, 十六曰辭遞(因上司不體上狀引咎), 十七曰投遞(與上司爭詰投印徑歸), 十八曰病遞(身病實深者), 十九曰喪遞(遭父母之喪), 二十曰終遞(卒于官), 此五者其不幸而 遞者也, 或漂人泊于島, 或犯人越于境(西北界), 或遭船覆沒, 或獄囚逃逸, 或國馬損失(分養馬故失者亦坐罷), 或貢蔘斥退, 或檢屍失實, 或番軍愆期(上番軍阻水)"

97) 임선빈, 「조선초기 수령제도의 운영과 변천」, 한국정신문화연구원 석사학위논문, 1989, 25~27쪽.

유를 ① 瓜滿·임기 만료 후 연장 근무(仍任), ② 장계에 의한 교체(罷職)·고과심사(褒貶), ③ 陞進·轉任·庭試合格·경관직으로 교체(京遞), ④ 관직을 버리고 감(棄官)·지병이나 개인 사정에 의해 사직함(辭遞·病遞)·재직시 가족의 상을 당해 교체됨(在喪)·재직 중 사망(別世), ⑤ 其他·不明 등 5가지 사유로 분류·검토하면 다음 〈표 3〉과 같다.

〈표 3〉 교체 사유별 실태

성명	사유	성명	사유	성명	사유	성명	사유	성명	사유
申 浞	○	李東溟	★	成 任	○	金魯淳	●	李能淵	●
柳寅吉	※	崔文浞	☆	南一明	○	柳義養	★	李原祚	★
金弘微	☆	姜 瑜	☆	李夏源	★	鄭象仁	●	柳榮河	☆
崔山立	※	鄭承明	☆	權世恒	○	任希簡	☆	柳昌根	★
趙 倬	☆	崔錫祐	☆	김 정	★	李晋圭	○	洪鼎周	☆
金 玏	☆	李光迪	☆	李廷傑	●	李 憂	☆	趙雲容	●
朴慶業	☆	李端錫	★	趙命臣	☆	沈命德	☆	沈宜復	●
鄭慶世	☆	呂閔齊	○	朴來羽	☆	孟至大	☆	李祖馨	☆
洪慶臣	※	李 煦	※	魚有龍	★	洪 檢	★	朴曾壽	☆
朴 梓	☆	李翊相	※	李廷爌	☆	李集斗	☆	李義書	○
李頤慶	※	呂聖齊	★	任守迪	☆	俞漢謨	○	宋端和	☆
柳永詢	☆	蘇斗山	★	李鳳翼	☆	洪義浩	○	尹應圭	○
姜 絪	☆	安女石	※	鄭弘濟	★	權以綱	○	柳厚祚	★
鄭宗溟	○	任 奎	○	李巨源	○	李鎭復	☆	徐兢淳	★
鄭雲湖	☆	睦林儒	※	李倚天	☆	宋 鍈	☆	尹致容	★
李命俊	※	李 塾	★	洪重徵	☆	李景溟	☆	李儒應	○
閔應亨	☆	申厚命	★	朴弼翰	○	趙興鎭	※	李義俊	★
南以雄	○	李寅賓	☆	曹夏望	○	沈奎魯	☆	洪在愚	★
柳大華	○	朴泰尙	○	韓德厚	●	鄭觀輝	☆	趙徹林	☆
睦大欽	※	徐文重	○	趙迪命	★	尹長烈	●	鄭道和	☆
趙希逸	☆	李 浞	○	柳 綖	☆	李儒慶	※	金永應	★

성명	사유	성명	사유	성명	사유	성명	사유	성명	사유
權曔	☆	朴紳	☆	임집	★	朴宗正	※	趙命夏	☆
金尙	○	趙祺錫	○	安允行	★	柳烇	☆	尹宗儀	★
朴明榑	○	李喜茂	★	任瑋	★	權斌	☆	李稷銀	★
金素	★	鄭來祥	☆	趙鎭世	○	尹命烈	★	趙命敎	★
柳景緝	★	南弼星	☆	李之億	●	南惠寬	※	金甲根	★
兪省曾	○	權持	☆	李顯重	○	韓象默	☆	李應愚	★
姜栢年	☆	許煩	※	韓師直	○	任俊常	★	金炳基	☆
李禬	★	李震休	★	鄭尙淳	☆	李晋淵	☆	林徹洙	★
權坽	☆	李東旭	○	尹坊	☆	柳遠鳴	○	李暐	★
成台耇	☆	韓命相	☆	元景濂	☆	洪義弼	★	金演壽	★
李晩榮	★	柳憲章	※	李堣	☆	李鎭華	☆	閔泳愚	★
柳築	☆	任舜元	○	趙德成	☆	洪祐燮	☆	趙東萬	★
李之馨	☆	成璹	☆	李吉輔	○	高時臣	☆	李鍾奭	★
任有後	★	李世最	☆	李性逡	☆	任鼎常	★	李瑞永	★
李枝茂	☆	趙鳴謙	★	柳世德	☆	金逸淵	○	金甲圭	★
金雲長	☆	朴熙晋	☆	徐有良	☆	柳幼麟	☆	李徹愚	★
李元禎	★	洪廷弼	★	李得宗	●	李鼎民	●	金靖鎭	★
洪聖龜	☆	尹樟	★	李長馦	☆	洪蓍謨	○	金永順	★
權格	○	신택	○	李亨達	○	李玄五	★	李會源	○
보기	〈※〉: 瓜滿·仍任 〈☆〉: 罷職·褒貶 〈★〉: 陞進·轉任·庭試合格·京遞 〈○〉: 棄官·辭遞·病遞·在喪·別世 〈●〉: 其他·不明								

※ 『관동읍지』 강릉부선생안과 『임영지』(1975) 참고.

다음 〈표 4〉에서와 같이 전체 수령의 교체 사유 중 가장 많은 비율을 차지하고 있는 부문은 파직이나 포폄에 의한 교체로서 34%에 이른다. 다음은 승진·전직·정시합격·경체 등으로 인한 교체로서 29%이며, 棄官·辭遞·在喪·別世로 인한 교체는 23%, 과만이나 잉임에 해당하는 자는 16명으로서 8%에 불과하며, 기타·불명 순으로 나타났다.

<표 4> 時期別 交遞事由 　　　　　　　　　　〈단위:명〉

구분왕	과만잉임	파직포폄	승진·전직 정시합격·경체	기관·사직 재상·별세	기타불명	계
선조	2			2		4
광해군	2	5				7
인조	2	7	3	7		19
효종		5	2			7
현종		6	3	2		11
숙종	6	8	9	9		32
경종			1	3		4
영조		15	9	9	5	38
정조	1	6	2	5	2	16
순조	3	7	4	3	1	18
헌종		5	3	1	4	13
철종		1	5	4		10
고종		3	17	1		21
계	16	68	58	46	12	200
%	8	34	29	23	6	100

※『관동읍지』강릉부선생안과『임영지』(1975) 관안 참고.

또한 시기별로 보면, 19세기 순조 이후부터는 임기만료자가 거의 나타나고 있지 않은 반면에 승진·전직·정시합격·경체 등에 의한 교체가 증가하였다. 그리고 파직 또는 포폄에 의한 교체는 영·정조대를 전후하여 그 수가 현격히 감소하고 있는데, 그 이전에는 수령에 대한 철저한 통제책이 실시되었던 반면에 왕권이 약화되어 가는 시기인 그 이후부터 정부에서 파견한 감찰관의 역할이 약화되었거나 권력가문과 연결된 권원의 파견으로 정확한 고과 심사나 조사가 이루어지지 못하였기 때문이었다. 따라서 작폐로 인하여 사회가 혼란 지경에 이르렀지만 파직에 의한 교체보다는 상환교체(相換交遞)의 경우가 증가하였던 것이다.

① 과만·잉임

　과만이라 함은 임기가 만료되어 교체되었던 경우를 말하는데, 瓜期·瓜遞·期遞·準期遞職·仕滿·瓜去 등과 같이 각기 달리 표현되었으나 의미상으로는 별 차이가 없다. 그리고 잉임은 과만된 이후 그 동안의 치정에 대한 지방민의 요청에 의하여 임기보다 더 오랜 기간을 재직하는 경우,[98] 그리고 임기가 만료되지는 않았지만 파직 후 다시 현직에 제수되는 경우와 재직 중 전직이나 사체·승진 등의 사유가 발생하였음에도 불구하고 잉임 또는 유임을 청받아 다시 근무할 경우 등이다.

　이러한 과만자는 앞서 살펴보았듯이 『경국대전』 이전 외관직조에 명시되어 있는 법정 임기를 준수한 자들이다. 강릉 부사의 임기는 정3품 당상관 또는 당하관이 대도호부사로 임명되었기 때문에 당상관 이상이 임명되면 900일이고, 당하관이 임명되면 1800일이었던 것이다. 따라서 1666년(현종 7) 강상죄인의 고장이라 하여 대도호부사에서 현감으로 읍호가 강등되어 1675년(숙종 원년) 3월 복구될 때까지와 1782년(정조 6) 8월 역적 이택징의 태생지라는 이유로 다시 현으로 강등되어 1790년(정조 14) 복구될 때까지는[99] 적어도 법 규정 테두리에서는 일시적으로 1800일이었다.

　다음 〈표 5〉과 같이 17세기 이후부터 1894년까지 강릉부에 임명되었던 200명의 수령 중 과만이나 잉임에 해당하는 자는 불과 16명 뿐으로

---

98) 東萊府 官案의 仍任者 鄭顯德[1867년(고종 4) 6월~1868년(고종 5)]이 이례적으로 두번씩이나 잉임되었던 까닭은 일본과의 외교관계를 고려한 그의 능력을 인정하였기 때문이라고 하였다(李源鈞, 앞의 논문, 1979, 63~67쪽).

99) "顯宗朝 降爲縣監 良女玉只 朴貴男之女 而士人金土之妾也 貴男就養於玉只 而有惡疾 玉只恐梁及其子孫生埋其父 事係綱常 降邑號;當予壬寅 降爲縣監 以逆臣澤徵胎生 邑降號 爲縣監"(江陵文化院 復刊,『臨瀛誌』권1, 건치연혁조, 1991)

전체의 8%이며, 삼척은 160명 중 6명으로 3.75%,[100] 양양은 180명 중 14명으로 7.87%에 해당되어[101] 대체로 낮은 비율을 보이고 있었다.

또한, 임기 적용에 있어서 900일, 즉 2년 6개월의 임기를 채운 자는 洪慶臣, 安如石, 睦儒林 3명 뿐이며, 30개월 미만자는 6명이었고, 30개월을 넘는 자는 5명이다.

〈표 5〉 과만·잉임자 명단

성명	품질	재임기간	비고
柳寅吉	通政大夫	1601. 8.~1604. 1. (34월)	
崔 岦	通政大夫	1605. 12. 2.~1608. 9. 6. (32월)	
洪慶臣	通政大夫	1615. 10. 7.~1618. 4. 22. (30월)	
李頤慶	嘉善大夫	1619. 6.~1623. 3. 19. (45월)	
李命俊	嘉善大夫	1628. 1. 24.~1630. 5. (29월)	
睦大欽	通政大夫	1633. 12. 29.~1636. 5. (29월)	현감 부임
李 煦		1671. 9. 20.~1676. 3. 3. (49월)	
李翊相	嘉善大夫	1676. 5. 7.~1678. 10. (29월)	
安如石	通政大夫	1681. 5. 6.~1683. 11. 12. (30월)	
睦林儒	通政大夫	1684. 12. 15.~1687. 6. (30월)	잉임 후 파직
許 煩	通政大夫	1700. 8. 28.~1703. 4. 17. (32월)	
柳憲章	通訓大夫	1707. 6. 25.~1712. 1. 25. (55월)	
趙興鎭	通政大夫	1799. 2. 21.~1801. 7. 22. (29월)	
李儒慶	嘉善大夫	1805. 7. 13.~1807. 11. (28월)	
朴宗正	通政大夫	1808. 1. 15.~1810. 4. (7월)	
南惠寬	通政大夫	1815. 12. 19.~1818. 3. 10. (27월)	

※『관동읍지』 강릉부선생안과 『임영지』(1975) 관안 참고.

---

100) 三陟鄕土文化硏究會, 『陟州集』, 척주선생안편, 1991.

101) 襄陽文化院, 『襄州誌』, 人物篇 歷代府使 · 郡守 · 縣監條, 1989.

이 중 이이경(李頤慶)은 종2품 가선대부로 부임하였는데, 읍민의 정소에 의하여 총 45개월 즉 약 1년 잉임하고 교체되었다.[102] 유헌장(柳憲章)은 정3품 당하관이었기 때문에 1800일의 임기를 거의 채우고 교체되었다. 이후(李煦)는 당상관 수령들보다 19개월 더 재임하였다. 그 이유는 1665년(현종 6) 7월 옥지의 생매장 사건이 발생되어 읍호가 강등되었을 때, 현감으로 부임하였기 때문에 임기가 1800일이었으나, 재직 중인 1675년(숙종 원년) 3월 읍호가 대도호부로 복구됨으로 인해 1800일의 임기가 900일로 바뀌었던 것이다. 따라서 1800일(60개월)을 다 채우지 않았음에도 불구하고 재임기간을 지킨 임기만료자로 분류하였던 것이다. 그리고 박종정은 만료 3개월을 남겨 놓은 1810년(순조 10) 4월에 과만을 보고하기 위해 상경한 이후 임기가 만료되는 동년 7월에 도정사목에 의하여 교체되었다. 특히 유인길(柳寅吉)은 임기를 지키고 교체되었지만 지방민들이 잉임을 요구하는 소를 올려 유임을 청하고 있었으나 감사의 장계로 파직되었고, 허번(許煩) 또한 기간이 지났으나 감사의 장계로 임기가 연장되어 근무하다가 대간의 장계로 교체되었다.[103]

한편 위의 〈표 5〉에서 볼 수 있듯이 과만 또는 잉임자 16명 중, 17세기 6명, 18세기 7명, 19세기 3명이었다. 17세기 초반에는 임란 전의 지방통제책을 지속하였고, 또한 수령들에 대한 중앙의 강한 통제가 반영되었다. 그러나 음직출사자나 경화자제들의 관직 진출이 확대되었던

---

102) "己未來 準期邑民呈狀于監司 納米二百石 加一年 癸亥遞"(江陵古籍保存會, 『增修臨瀛誌』, 府先生案篇 李頤慶條, 1933)

103) "辛丑來甲辰準期遞 民請仍任上疏 監司啓罷善政立碑 ; 庚辰年來 鄕校及鏡浦臺重修 及瓜期 監司狀啓 限癸未麥秋仍任 同年 因臺啓拿去 官屬立碑"(江陵古籍保存會, 『增修臨瀛誌』, 府先生案篇 柳寅吉條, 1933)

18세기 이후에는 수령직에 대한 정부의 통제가 이완되어 갔다.[104] 따라서 강릉부의 경우 문관 임명 지역임에도 불구하고, 음관이 수령에 진출하는 18·19세기 이르러서는 과만자의 수가 17세기에 비해 아주 저조하게 나타났다. 강릉부사 중에서 임기를 채우고 교체된 경우는 단 3명 뿐이다. 그리고 미만이거나 초과한 자들이 과만자로 나타난 것은 대전의 적용이 실제 임용이나 교체 과정에 있어서 많은 차이를 보이고 있었으며, 또한 수령들의 전직이나 승진·교체가 증가하고 있는 현상과 관련된 것으로 볼 수 있다.

② 파직·포폄

조선 후기 강릉부 수령들 중 파직 또는 고과으로 인한 포폄에 의하여 교체된 수는 200명 중 68명으로 34%에 이르고 있다. 이는 동래부사의 경우 40.4%와 합천군수의 경우 44.4%와 비슷하다.[105] 그리고 인근 지역인 양양 28.3%,[106] 삼척 33.75%,[107] 철원 27.67%[108]보다는 약간 높은 비율을 보이고 있었다.

이처럼 징계에 의한 교체가 빈번한 이유는 수령에 대한 처벌 규정이 256건에 달하고 있었기 때문이다.[109] 이는 향촌 사회의 통치권을 위임받고 있었던 수령에 대한 철저한 감독과 감찰을 통해 지방에 대한 통

---

104) 李東熙,「朝鮮時代 全羅道 扶安縣監의 任用實態」,『全羅文化論叢』6輯, 全北大學校 全羅文化硏究所, 1993, 27쪽.

105) 李源鈞, 앞의 논문, 1979, 68쪽.

106) 襄陽文化院,『襄州誌』, 人物篇 歷代府使·郡守·縣監條, 1989.

107) 三陟鄕土文化硏究會,『陟州集』, 척주선생안편, 1991.

108) 『關東邑誌』(奎章閣所藏 No.12172), 鐵原郡篇 府使 및 防禦使 先生案條.

109) 朝鮮時代 各 法典에 나타난 守令處罰法의 수는 다음과 같다(李源鈞, 앞의 논문, 1979, 72쪽 참조).

치력을 강화하려 했던 것으로 볼 수 있다. 또한 수령의 부정을 미연에 방지하고 국가적 차원에서의 지방 통치를 효과적으로 달성하려는 목적에서 기인된 것이기도 하다. 실제로 『강릉부선생안』에 보이는 파직·포폄을 조목별로 분류하여 그 특징을 살펴보면 다음과 같다.

㉠ 계파

조선 후기 강릉부사 200명 중 장계에 의해 파직되는 자는 52명에 이르고 있어 전체의 26%에 달한다. 또한 파직 또는 포폄자 68명 중 52명에 달해 죄를 지어 교체된 대부분이 장계·파직에 해당된다. 이처럼 52명에 이르는 파직자들에 대한 파직 행사 대상별로 정리하면, 다음 〈표 6〉과 같다. 다음 〈표 6〉에서와 같이 관찰사와 각조에 의한 파직은 각각 28.85%, 21.15%로 합치면 50%를 차지하고 있으며, 암행어사·경차관·대간·원에 의한 파직(진상이나 稅 不納에 의한 파직·鄕試不正 및 不參에 의한 파직·墳墓紛爭에 의한 파직 등 포함)은 각각 11.54%, 1.92%, 19.23%로 30.77%에 이른다. 또한 강상죄(綱常罪) 사건(事件)[110]이나 다른 지역(양양·삼척)에 파견된 핵검사(覈檢事)의 장계[111] 등과 같이 기타에 해당되는 것이 17.31%에 이른다.

---

110) "府使姜瑜通政乙巳九月十六壹到任 丙午二月初三日十月令 宗廟薦新生物色惡 罷職 又以同月初七日 綱常罪人 玉只等事 罷職 江陵降號爲縣 道名改以原襄" [『關東邑誌』(奎章閣所藏 No.12172), 江陵大都護府誌 先生案條].

111) 府使 尹坊은 三陟 覆檢事의 狀啓·罷職되었고, 李鎭復은 瓜報後 襄陽府 殺獄罪人姜戌先 覆檢事 罷職 이라 기록되어 있다[『關東邑誌』(奎章閣所藏 No.12172), 江陵府先生案條 參照].

<表 6> 啓罷 行事者別 實態

啓罷行事者	觀察使	各曹	暗行御史	敬差官	臺諫·院	其他	計
人員數	15	11	6	1	10	9	52
%	28.85	21.15	11.54	1.92	19.23	17.31	100

※『關東邑誌』江陵府先生案과『臨瀛誌』(1975) 官案 참고.

| 관찰사의 장계에 의한 파직 |

관찰사는 정기적인 수령 고과 외에 임의적으로 수령을 파직시킬 수
는 없었다. 그러나 수령에 대한 전최가 앞서 밝힌 바와 같이 1년에 2회
실시됨에 따라 관찰사의 수령 출척이 별 의미가 없다는 지적이 대두되
어 1405년(태종 5)부터 수령의 직임에 적합하지 않은 자는 정기적인
고과에 구애됨이 없이 즉시 실봉이문(實封以聞)토록 하였다.[112] 1426
년(세종 8)에 이르러서는 그 권한이 더욱 확대되었다. 즉 탐오(貪汚)·
남징(濫徵)·작폐(作弊) 등 불법을 행할 경우 2품 이상의 수령은 계문
하였고, 3품 이하는 직접 처결할 수 있는 권한이 부여되었다.[113] 그리
고 1426년 풍문탄핵권(風聞彈劾權)[114]까지 입법화되면서부터는 풍속
을 규찰할 수 있는 권한까지 부여되었으므로 관찰사는 명실공히 왕권
의 대행자로서 절대권을 행사하였다.

한편 강릉부사 중 고과 이외에 관찰사의 계에 의하여 파직된 자는

---

112) 『太宗實錄』卷11, 6年 2月 戊辰條.

113) "(許)稠又啓 各道監司 三品以下直斷 二品以上啓聞 已行格例"(『世宗實錄』卷
50, 12月 壬午條)

114) "司憲府啓 監司專制一方 而守令不法 不得風聞擧劾 故守令無所 忌憚恣行 不義
民受其弊 請守令汚濫作弊事 令監司依本府例 風聞推劾 以懲不法 以除民瘼 從
之"(『世宗實錄』卷33, 世宗 8年 7月 丁巳條)

파직(罷職) · 포폄자(褒貶者) 68명 중 15명으로 22.06%에 해당하는데, 감사의 장계 사유를 분류하면 다음 〈표 7〉과 같다.

<표 7> 관찰사 계파의 원인별 분류

원인	성명 및 인원수
受由上京	鄭來祥, 權持, 任守迪, 韓德厚, 柳綎, 李瑀(6명)
公廨 및 軍器失火	鄭雲湖, 閔應亨, 任希簡(3명)
災害調査 不實 및 文書 虛僞 作成	洪聖龜(1명)
濫杖	洪重徵(1명)
推捉代送	崔錫祐(1명)
禮訟에 의한 狀啓	朴紳(1명)
移轉穀事	柳烇(1명)
不治의 病	趙希逸(1명)
계	15명

※ 『關東邑誌』 江陵府先生案과 『臨瀛誌』(1975) 官案 참고.

위의 〈표 7〉에서와 같이, 수유상경에 의한 파직[鄭來祥 · 權持 · 任守迪 · 韓德厚 · 柳綎 · 李瑀], 공해 및 군기 실화[鄭雲湖 · 閔應亨 · 任希簡], 재해조사에 대한 문서를 허위로 작성하여 보고[洪聖龜], 예송에 의한 파직[朴紳], 남장(濫杖)에 의한 파직[洪重徵], 추착대송(推捉代送)에 의한 죄[崔錫祐], 이전곡사(移轉穀事) 사건(事件)[柳烇], 불치의 병으로 인한 계파(啓罷)[趙希逸] 등 8가지 유형을 제시할 수 있다.

| 사헌부 · 각 조 · 경차관에 의한 계파 |

위에서와 같이 관찰사의 계(啓)에 의하여 파직되는 경우 외에 6조, 사헌부, 경차관 등에 의하여 수령은 감찰을 받았다. 사헌부에서는 풍속의 교정이나 백관의 규찰에 대한 권한을 가지고 있었기 때문에 수령

역시 규찰 대상에 포함되었던 것이다.

따라서 수령에 대한 통제를 종3품 집의, 정4품 장령, 정5품 지평, 정6품 감찰 등을 행대(行臺)와 분대(分臺)로 삼아 문민 질고와 수령 염찰에 대한 단속을 실시하였다. 그러나 정6품의 행대감찰의 파견은 품질이 낮기 때문에 수령의 비행을 처벌하는 데 한계가 있었다. 그리하여 감찰보다 품계가 높은 집의·장령·지평을 지역단위로 분대어사에 임명하여 실질적인 수령규찰을 실시토록 하였다.[115]

이에 강릉 부사 중 구체적인 원인을 파악할 수 있는 경우만을 살펴보면, 1659년(현종 원년) 통훈대부로 부사에 임명되었던 김운장(金雲長)은 1660년(현종 1) 증광별시에 시관으로 참석하였으나 부정한 일로 인해 장계·파직되었다. 1665년(현종 6)에 현감으로 임명되었던 통훈대부 최문식은 자기 선조의 묘비를 세우기 위해 다른 지방에서 돌을 채취하는 등의 폐가 심하여 파직되었다. 그리고 1666년(현종 7) 현감에 임명되었던 통훈대부 이광적(李光迪)은 선실(先室)의 묘를 변두리 지역으로 이장하지 않았다는 이유에서 파직되었다. 동왕 동년 현감으로 제수되었던 통훈대부 정승명(鄭承明)은 전임지인 울산부사 재직 시 관제문란으로 인하여 장계·파출되었다. 1865년(고종 2) 제수되었던 통정대부 조명하(趙命夏)는 공조참의로 승진되었으나 관청의 실화로 인한 피해를 복구하지 못했다는 이유로 어사의 계에 의하여 파직되었다.

각 조에서는 수령에 대한 과단권(科斷權)을 가지고 있었는데 처벌권을 많이 행사할 수 있는 순서대로 정리하면, 호조-형조-병조-리조-례조-공조 순으로 나타났다.

호조는 조세 수입, 호구 파악, 양전사업에 착오가 있을 때 국가 재정

---

115) 任善彬, 앞의 논문, 1989, 38~44쪽.

과 직결되므로 수령에 대한 강한 처벌권을 행사해야만 했다. 그리하여 수령이 조세 수납의 불철저, 호구 및 호적 작성시 누락, 양전의 부정, 적기에 상납하지 못할 경우[適期不上納]에 호조는 징계·파면시킬 수 있었다.

이와 같은 사례는 1610년(광해군 2) 6월 19일 종2품 가의대부로 부사에 제수되었던 김륵(金玏)은 전세미를 운반하지 못한 죄과로 호조의 계(啓)에 의하여 파직되었다.[116] 1623년(인조 원년) 11월에 부임한 강인(姜絪)은 호패 및 호적 작성을 기한 내에 완성하여 보고하지 못하여 파출되었다.[117] 그리고 1650년(효종 1) 부임한 성태구(成台耉)는 진상한 송어와 식염에서의 벌레 발견과 고신 3등으로 다음해 7월에 파직되었다.[118] 1715년(숙종 41) 부임한 이세최(李世最)는 동년 9월 파직되었는데, 그 까닭은 새롭게 잡힌 연어를 상납하지 않았기 때문이었다.[119]

1618년(광해군 10) 박재(朴梓)는 경보병가포(京步兵價布)를 납부하지 못한 죄로 인하여 병조의 계에 의하여 파직되었다.[120]

---

116) "凡收稅貢之物 限翌年六月上納 … 本曹每歲季 考諸司貢物所納之數 未納六司以上 守令啓聞罷黜"(『經國大典』 卷2, 戶典 稅貢條) ; "使金玏 萬曆庚戌六月十九日來 辛亥三月 田稅米太趂未北運 戶曹 啓罷"[『關東邑誌』(奎章閣所藏 No.12172), 江陵大都護府誌 先生案條]

117) "戶籍限內不上送 觀察使·守令罷黜"(『大典會通』 卷2, 戶典 戶籍條) ; "府使姜絪天啓癸亥十一月二十九日來乙丑十二月 以號牌成籍未及期限 啓罷"[『關東邑誌』(奎章閣所藏 No.12172), 江陵大都護府誌 先生案條]

118) "守令考 內外四祖及 己身有痕咎與否署經"(『經國大典』 卷1, 吏典 告身條) ; "府使成台耉 庚寅正月到任 辛卯七月以四月朔 進上松魚食鹽生蟲 推考奪告身三等遞罷"(江陵古籍保存會編, 『增修臨瀛誌』, 1933, 선생안에는 咸台耉로 되어 있음)

119) "府使李世最 乙未二月二十三日到任 同年九月 以薦新縺魚闕封 罷職"[『關東邑誌』(奎章閣所藏 No.12172), 江陵大都護府 先生案條]

120) "步兵價布換納 私主人及外吏等 全家入居 步兵價布 前月二十五日內不爲上納

그리고 1654년(효종 5) 부사에 제수되었던 이지형(李之馨)은 부내 (府內) 살인범(殺人犯) 정옥(丁玉) 등을 연일 심문하던 중 죽자, 형조 의 계에 의하여 파직되었다. 특히 1790년(정조 14) 3월 임명되었던 통 정대부 이집두(李集斗)는 감사가 어민의 폐를 줄이기 위해 향교 석 전제 어포를 줄일 것을 명하자 이에 재지유림들은 감사 윤사국(尹師 國)이 지방을 순시할 때 원상태로의 회복을 주장하는 진정서를 올렸 다.[121]

이에 감사는 별 조치 없이 돌아간 후 진정서의 내용이 불손하다 하 여 가담하였던 4유생을 영문으로 이송한 후 돌려보내지 않게 되었다. 이에 재지사족은 국왕에게 상소하여 석전제 어포를 감하는 것이 어호 (漁戶)의 폐를 줄이는데 크게 기여하지 못할 뿐만 아니라 오히려 대동 가미(大同價米)로 어포를 구입할 경우 풍흉에 따라 어포의 값이 차등 이 있어 풍년일 경우에는 별 관계가 없으나 흉년일 경우 그 값이 두배 이상이 된다. 따라서 재지사족들은 제물 구입경비 부족 현상이 초래될 것이라는 이유를 들어 원래 규정대로 시행할 것을 주장하였다.[122]

한편 영문에 붙잡혀 간 4명을 송환하라는 사족들의 상소로 인하여 감사 윤사국은 장계를 올려 이집두의 파직을 청하였으며, 정조는 작당 패악(作黨悖惡)의 시정과 기강과 습속의 문란이라는 이유에서 형조에

私主人·隊正 全家徙邊 據 康熙甲子九月日 並改以收粮 違限之律 科斷"(『受敎 輯錄』 卷4, 兵典軍制條) ; "府使朴梓 萬曆戊午閏四月來 己卯五月京步兵價布趁 不上納 兵曹 啓罷"[『關東邑誌』(奎章閣所藏 No.12172), 江陵大都護府 先生案條]

121) "營門海弊釐正時 以釋菜魚脯減除事 巡歷時 本邑儒生語逼監司 故還營後狀 頭儒生 上使之令 而趂不起送事 辛亥六月 請罷歸"[『關東邑誌』(奎章閣所藏 No.12172), 江陵大都護府 先生案條]

122) 『江陵鄕校誌』, 舊誌篇 文類條 魚脯事上疏文.

명하여 이집두를 붙잡아 파직시켰던 것이다.[123] 그리고 다수의 사족이 영문에 붙잡혀 가는 등의 사건이 발생하자 재지세력은 다시 중앙 정부에 어포 양의 복원과 영문에 붙잡힌 동료 유림의 석방을 탄원하는 소를 올리게 되었다. 이에 정조는 이러한 사건의 발생이 향촌 지배 강화 정책에서 이탈한 것으로 간주하여 수령에 책임을 물어 파직을 명하게 되었다.

또한 지방에 대해 중앙 정부는 지배력 강화의 목적에서 특정한 임무를 부여한 경차관을 임명하였다. 이들의 주요 업무는 규정되어 있는 것이 아니라 국왕의 명에 의하여 필요시 파견되었던 일종의 봉명사신으로서 다양한 분야를 취급하였다.[124] 그 중에서 수령의 비리나 태만에 대하여 3품 이상은 계문하여 논죄하고 4품 이하이면 법률에 의하여 직단할 수 있도록 하였다.[125]

이에 강릉부사 중 경차관의 계에 의하여 파직 된 경우는 한건이 보이는데, 1698년(숙종 24) 정3품 당하관인 통훈대부로서 부사에 임명되었던 남필성은 황장판을 미봉하였다는 이유로 경차관 심방에 의하여 계문 당한 후 파직되었다.[126]

ⓒ 포폄에 의한 교체

수령 고과심사는 관찰사가 매년 두번(6월 15일과 12월 15일)에 걸쳐 수령칠사를 기준으로 시행하도록 하였다. 특히 군정에 대해서는 병마

---

123) 『정조실록』 정조 15년 6월 임술조.
124) 李章雨, 「朝鮮初期 損實敬差官과 量田敬差官」, 『國史館論叢』 12집, 1990, 51~52쪽.
125) 『세종실록』 卷19, 世宗 5年 正月 辛丑條.
126) "府使南弼星 武人十二月十一日到任 己卯十二月初八日 以黃腸板闕封 敬差官沈枋 啓罷"[『關東邑誌』(奎章閣所藏 No.12172), 江陵大都護府誌 先生案條]

절도사와 상의하여 심사토록 하였다. 강릉부의 경우, 당상관 통정대부 또는 당하관 통훈대부가 수령으로 임명되었기 때문에 당상관은 『경국대전』 이전 포폄조에 '堂上守令一中罷職'이라는 원칙을 준행하였으며, 당하관은 下에 해당하거나 연속해서 中에 해당될 때 파직하도록 규정되어 있다.[127]

조선 후기 강릉부사 중 포폄에 의하여 교체된 자는 200명 중 16명으로서 8% 정도였다. 특히 포폄자들 중 한사직(韓師直)은 1756년(영조 32) 정3품 당하관인 통훈대부로 부임하여 1758년(영조 34) 통정대부로 가자되었으며, 1760년(영조 36) 1월 임기 만료를 보고하기 위해 상경한 이후 약 4개월간 임지를 비웠다는 이유로 거중·체직되었다.[128] 포폄의 등급별로는 거중에 해당하는 자 7명, 거하자 7명, 불명자 2명이며, 시기별로는 17세기 3명, 18세기 5명, 19세기 8명으로 점차 증가하는 추세였다. 그 까닭은 권문세력가들의 득세로 중앙 정치체제가 혼란한 상황에 이르렀으며, 지방에서는 삼정의 문란과 지방관의 횡포가 극에 달하였기 때문에 지방민의 생활 수준이 극도로 악화되었다. 특히 강릉부의 경우 삼공에 따른 피해가 극심하였다. 이는 1804년(순조 4) 4월 관동위유어사 보고를 통하여 확인할 수 있는데, 공삼의 채취가 세액에 이르지 못하게 되자 원가에 대해 첨가전을 지급하였으나 원가에는 미치지도 못하였으며, 지력 또한 약화되어 공액을 충당할 수 없었다. 또한 농사철에도 백성들은 공삼 채취에 동원되어 농사에 지장을 초

---

127) 『大典會通』 卷1, 吏典 褒貶·考課條 참조.
128) "淳懿仁恕 待士以誠 六載居官 一境咸頌 以善賑加資"(『舊臨瀛誌』 卷5, 名宦條, 1991 復刊本) ; "丙子 十一月初一日 以通訓到任 戊寅正月 以善治陞資 庚辰正月棄歸 同年五月報瓜則 以久曠居中遞職"[『關東邑誌』(奎章閣所藏 No.12172), 江陵大都護府篇 府先生案 韓師直條]

래하였다.[129]

공삼 채취에 농업 노동력을 동원시킴으로 해서 농민들은 농사를 제대로 지을 수 없었다. 따라서 족징·인징의 폐까지 발생하였던 것이다. 그리고 민의 유리 현상이 심하여 '10집 중에서 9집이 비었다'는 이야기가 나올 지경에까지 이르렀을 뿐만 아니라 농사지을 땅이 10결 중 1·2결에 불과 할 정도였다고 한다.[130] 그러므로 수령은 전최에서 좋은 성적을 받을 수 없었다. 따라서 고과심사 중 포폄에 의하여 교체된 경우가 19세기에 이르러 증가하였다.

3) 승진·전직·정시합격·경체(京遞)

강릉부사 중 승진·전직·경체 등으로 교체된 경우는 200명 중 58명으로 교체 사유 중 두번째로 많은 숫자를 차지하였다. 이 중 정시합격자 2명을 포함하여 경체된 자 8명을[131] 제외한 순수 전직 및 승진자는 200명 중 48명이다.

전직이나 승진자들의 시기별 분포에서 특징적인 것은 앞서 출사 성분에서 밝힌 바와 같이 음과출사자들이 부임하기 시작하는 1835년(헌종 1)을 전후하여 교체 사유가 확연히 구분되고 있었다. 즉 이전에는 주로 경관으로 승진되었는데 반해 이후에는 대개가 다른 지역의 지방관으로 승진하였거나 다른 군읍의 수령과 자리를 서로 바꾼 예가 나타나고 있었다.

---

129) 『승정원일기』 순조 7년 4월 2일조.
130) 『비변사등록』 정조 원년 7월 19조.
131) 柳厚祚[재임기간 : 1854(철종 4)~1856(철종 6)]와 趙命教[재임기간 : 1875(고종 12)~1876(고종 13)]는 정시에 합격하여 경체되었다.

또한 전직이나 교체된 자의 재임 기간을 검토해 본 결과 48명 중 3 년 이상 재직한 후 교체된 자는 2명 뿐이며, 2년 이상 재직한 후 교체 된 경우는 12명이다. 나머지 34명은 1년 이하 재직한 후 교체되었다. 그런데 『속대전』 이전 고과조에 따르면, 당하수령(堂下守令)은 도임한 지 30개월, 당상수령(堂上守令)은 도임한 지 20개월, 변지수령(邊地守 令)은 12개월이 되어야만 비로소 다른 관읍으로 자리를 옮길 수 있었 다.[132] 그러나 이러한 법규의 적용 여부를 검토해 보면, 3년 이상 재직 자 2명은 품계를 알 수 없어 논외로 하였으며, 2년 이상 재임한 후 교 체된 12명 중 당상관 이상은 3명 뿐이다.[133] 나머지 7명은 당하관으로 나타났다. 그리고 1년 이상 및 그 미만자 중 2품 당상관 이상은 11명, 당하관 21명이며, 나머지는 품계를 알 수 없다.

이상에서와 같이 승진이나 전직된 자 중 『속대전』 규정을 준수한 경 우는 당상관 수령 3명 뿐이며, 그 외는 사실상 규정에 관계없이 교체되 었다. 이처럼 규정은 규정 자체로만 존속하였을 뿐, 실제 적용 시에는 관행이나 관례에 따라 적용되었던 것이다.

4) 棄官·辭遞·在喪·別世

기관(棄官)이란 아무 이유 없이 관직을 버리고 돌아간 경우를 말하

---

132) "堂下守令 三十朔 堂上守令 二十朔 邊地守令 周年後 始得遷轉他職"(『續大典』 卷1, 吏典 考課條)
133) 강릉부 수령 중 2년 이상 재임한 후 교체된 자는 3명뿐인데 다음과 같다.
魚有龍〈통정 1730년 9월 13일~1732년 11월 21일(26개월)〉,
趙迪命〈통정 1745년 5월 9일~1747년 6월(25개월)〉,
元景濂〈1762년 3월 21일~1764년 5월(26개월)〉

는데, 이에 해당되는 경우는 9명이다. 사체(辭遞)는 병·부모 봉양[134] 또는 재상(在喪)이나 별세를 제외한 개인적인 사유 때문에 사직을 고하고 돌아간 경우인데 20명이며, 상은 부모의 상을 당했을 때 사직한 경우로서 4명이며, 별세는 재직시 사망하여 교체된 경우로서 13명이었다.

이상에서 신병이나 부모 봉양 등에 의한 사체는 유교적 규범을 강조하던 조선왕조에서는 부득이한 경우였으며, 별세 또한 어찌할 도리가 없는 처지였다. 기관에 해당되는 9명은 중요한 고찰 대상인데, 이 중 자료 분석이 가능한 유대화(柳大華), 목대흠(睦大欽), 박필한(朴弼翰), 조하망(曹夏望), 조진세(趙鎭世), 이길보(李吉輔), 유한모(兪漢謨) 등 7명에 대한 최종 관직 및 가계를 조사해 본 결과 유대화(柳大華)와 목대흠(睦大欽)은 관직이 참찬에 이르렀으며, 박필한(朴弼翰)은 승지 박태항(朴泰恒)의 자(子)이며, 조진세(趙鎭世)는 사간 의징(儀徵)의 질(姪)이다. 그리고 나머지 3명의 가계[135]는 다음과 같다. 관직을 버리고 간

---

134) "府使姜栢年 甲申二月到任 乙酉閏六月 以親年八十 依法歸養辭歸"[『關東邑誌』 (奎章閣所藏 No.12172), 江陵大都護府 先生案條].

135) 위의 최종관직 가계는 南㳫元, 『朝鮮朝科宦譜』, 1914, 문과조 참고.

曹夏望의 家系	李吉輔의 家系	兪漢謨의 家系
燮隆 · 燮安(參議 尙治의 子)	渾(掌令 石亨의 子)	彦好(修撰 凝의 孫)
⇓	⇓	⇓
繼商(贊成 燮隆의 孫)	廷龜(左相 渾의 曾孫)	漢謨 · 漢謹(三司 彦好의 子)
⇓	⇓	⇓
先遠(判敦 繼商의 子)	明漢(吏判 廷龜의 子)	漢謨(漢謹의 弟)
⇓	⇓	
文秀(戶參 先遠의 曾孫)	正臣(參判 明漢의 曾孫)	
⇓	⇓	
漢英(文秀의 子)	玄輔(監司 正臣의 子)	
⇓	⇓	
夏望(大諫 漢英의 孫)	吉輔(判書 玄輔의 弟)	

자는 대개 그 후 경직에 다시 제수되었거나 아니면 대대로 경관의 고위직에 재임하였던 친족 기반을 배경으로 지방관을 기피하였던 것으로 간주 할 수 있다.

Ⅲ.

근대 역사인물과
사건 읽기

한국 근대사회는 격동과 격변의 시기이다. 지역 사회도 마찬 가지이다. 이러한 격변기에 강원 영동 지역사회에서도 의병, 항일 운동 등 구국항쟁이 지속적으로 진행되었으며, 그 중심은 역시 선각자적인 의식을 갖고 있었던 주요 인물들이다.

인물과 사건에 관련된 주요 역사적 사실을 올바르게 이해할 수 있다면, 지역사 교육 역시 어렵지 않다. 교사와 학생이 중심 이 되어 지역을 가꾸고 지켜 온 인물들에 대한 자료조사와 정 리, 그리고 그들의 행적에 대한 종합적 이해를 할 수 있다면, 이 역시 지역사 교육의 새로운 방향성이라 할 수 있다.

지역의 중요한 역사적 사건과 관련된 인물 탐구는 지역을 이 해하는데 있어서 매우 중요한 한 부분이다. 이에 본 장에서는 만 해 한용운, 주요 항일의병 운동을 전개한 의병장과 그들의 활동 상, 애국계몽 운동의 일환으로 전개되었던 근대 학교설립 운동 등에 대해 상세히 밝혀 봄으로써 지역 근대사의 이해의 폭을 넓 혀보고자 한다.

1. 한용운의 현실비판과 민족의식

1) 현실비판과 계몽활동

일제는 3·1 만세운동을 내란사건으로 규정하고 1919년 8월 27일 고등법원에서 관련자들에 대한 신문을 실시하였다. 한용운은 당시 재판장의 심문에 대해 "동서고금을 막론하고 국가의 흥망은 일조일석에 되는 것이 아니오. 어떠한 나라든지 제가 스스로 망하는 것이지 남의 나라가 남의 나라를 망하게 할 수는 없는 것이오. 우리나라가 수백년 동안 부패한 정치와 조선 민중이 현대 문명에 뒤떨어진 것이 합하여 망국의 원인이 된 것이오. 원래 이 세상에 개인과 국가를 막론하고 개인도 자존심이 있고, 국가도 국가의 자존심이 있으니 자존심이 있는 민족은 남의 나라의 간섭을 절대로 받지 아니하오. 금번의 독립운동이 총독정치의 압박으로 생긴 것인 줄 알지 말고, 자존심이 있는 민족은 남의 압박만 받지 아니하고자 할 뿐만 아니라 그 말을 다하자면 심히 장황하므로 이곳에서 다 말할 수 없는 바이오"[1]라고 답변하였다. 그의 답변은 1920년 9월 25일자 『동아일보』에 게재되어 조선민중과 지식인 그리고 학생층에게 민족 자존심 고양 의지를 다지게 한 계기가 되었다.[2]

답변서에 담겨져 있는 한용운의 현실비판은 조선이 일제의 식민지가 된 것은 일제가 조선보다 여러 방면에서 우위에 있기 때문이 아니라 조선의 정치, 외교, 경제, 사회적 부패와 폐단에 문제가 있었기 때문인 것으로 생각하였다. 즉 그는 조선이 처한 내부적 현실을 직시하고

---

1) 『東亞日報』, 1920년 9월 25일자.
2) 任重彬, 『韓龍雲一代記』, 正音社, 1974, 141쪽.

자 하였다. 그리고 이러한 내부적 문제에 대한 민중들의 인식 확산과 내부적 모순의 개선을 위해서 민족 자존심을 강조하였던 것이다.

종교계에 대해서 그는 "종교란 인지(人智)의 발달과 사회제도의 변천을 따라 그 신앙의 대상이 변할지언정 종교 그 자체는 인류가 생존해 있는 이상 결코 소멸될 성질의 것이 아니다. 그것은 사람이 종교를 신앙하려 하는 것이 아니라 자연히 신앙하게 되는 까닭이다"[3]라고 하고, 오늘날 종교계를 "기독교나 우리 불교를 물론하고 종교가로써의 인성이 타락하고 점차로 세속화되는 경향"[4]을 지적하였다. 인성의 타락과 세속화에 대해 "종교의 교리와 종교가로써 가져야 할 품성과 행동을 강조하였으며, 종교라고 결코 사회생활을 떠나서 살아나는 법은 없으나 비록 사회사업을 영위하더라도 종교가의 영역을 떠나서는 안된다"[5]는 것을 강조하였다.

한용운은 사회 다방면에 대하여 냉철하게 현실을 비판함과 아울러 한국 내의 여러 분야에 대한 계몽의 필요성을 강조하고 이를 실천하고자 하였다. 그는 먼저 조선 사람들의 생활 개선에 대해서도 지적하였는데, 우선 조선 사람들의 생활상에 대한 다음과 같이 설명하고 있다.

> 근래에 우리 朝鮮사람은 표면으로 보면 생활이 매우 향상된 것 갓다. 납작한 초가에 살던 사람이 집을 새로 짓는다면 반듯이 宏大한 瓦家나 洋制 또는 日製의 집을 짓고 신식공부를 한 청년남자와 여자는 의례히 양복을 입고 기타 모든 생활이 전일에 비하야 말할 수 업시 호화러운 것 갓다. 더구나 서울 가튼 도시 사람의 奢侈는 날로 느러가서 몃해전 사람은 이름까지도 모를 비단옷과 갑진 휴대품들을 가지면 가정의 세간

---

3) 한용운, 「朝鮮은 어데로 가나?」, 『별건곤』 제34호, 1930년 11월 1일 발행.
4) 한용운, 「朝鮮은 어데로 가나?」, 『별건곤』 제34호, 1930년 11월 1일 발행.
5) 한용운, 「朝鮮은 어데로 가나?」, 『별건곤』 제34호, 1930년 11월 1일 발행.

까지도 별월별 것을 다 장치하얏다. 그러나 내면을 보면 그것이 무슨 생산력이 느러가지고 그런 것이 안이라 그저 시대풍조에 딸녀서 조부모의 유산을 팔고 잡히고 하야 그 과분의 생활을 하는 것이다(다 그런 것이 안이지만은). 그들은 목전에 향락을 하지만은 실력이 업는 그 생활이 과연 멧해나 계속을 할는지 의문이다. 기초가 업는 공중의 누각은 바람만 불어도 넘어지고 근원이 업시 괴인 行潦는 해만나면 마를 것이다.[6]

이와 같은 조선 사람들의 사치와 허영에 대해 한용운은 적극적인 생활개선 운동을 강조하였다.

나는 너무 소극적인 지는 알 수 없으나 현재 우리 조선 사람의 형편에 있어서는 적극적으로 생활개선을 하야 지금보다 향상의 생활을 하는 것보다 소극적으로 지금의 생활보다도 모든 것을 질소하고 절약하며 더 간단하고 淨潔하게 하얏스면 조흘가한다. 조밥도 잘 먹을 줄 알 수 업는 사람들이 洋食이 무슨 양식이며 행랑방도 업서서 東西로 쪽겨 다니는 사람이 반수이상이나 되는데 洋屋이 무슨 양옥이냐. 남이 비단옷을 입으면 우리는 무명옷을 입고 남이 자동차를 타면 우리는 발로 걸어다닌다 하야도 현재의 생활을 유지할지 의문이다. 而言之하면 우리 朝鮮사람은 경제적 실력이 생기기 까지는 특별히 질소, 간결한 생활을 하야만 될 줄로 생각한다. 만족의 고상한 품격도 거긔에서 발휘할 수 잇고 모든 일도 거긔에서 기초가 될 줄로 밋는다. 자기의 主見主心이 업고 다만 時代浮榮에 날뛰는 사람들과야 엇지 무슨일을 서로 할 수 잇스며 가티 한들 무슨 성공을 하랴. 넷말에도 富貴家不生英雄이라 하지 안엇는가.[7]

---

6) 韓龍雲,「現下問題 名士意見, 生活改善案提議」,『별건곤』제16 · 17호, 1928년 12월 1일 발행.
7) 韓龍雲,「現下問題 名士意見, 生活改善案提議」,『별건곤』제16 · 17호, 1928년 12월 1일 발행.

이처럼 한용운은 민중들에게 근검절약의 실천과 허영의 타파를 통해 경제적 실력을 굳건히 하여야 함을 지적하면서, 이것이야 말로 일제의 억압 하에 있는 우리 민족의 자존심을 회복할 수 있는 길이며, 이를 위해서 민족 스스로 경제력을 든든히 할 필요가 있음을 주장하였다.

한용운은 전문지식인 양성의 필요성도 강조하였다. 그는 본인에게 청춘이 다시 돌아 온다면, 어떤 학문이던지 과학이고, 철학이고 전문으로 공부할 것이라고 말하였다. 이렇게 전문지식인 양성의 이유는 세상일이 대소사업(大小事業)을 물론하고 모든 일이 모두 알고 알지 못하는 데서 그 일의 성공하느냐 성공하지 못하느냐가 결정된다고 주장하였다. 큰 사업을 성공하는 것도 모든 것을 잘 아는 데서 비롯되며, 알고 알지 못하는 것이 사회건설의 성패 역시 지식의 득실 차이에서 비롯된다고 하였다. 그가 이렇게 말한 까닭은 청년들에게 당장 일대 각오하고 용단을 내려 전문 지식을 연구함으로써 장래에는 영구히 행복스럽고 광명한 사회생활을 할 수 있도록 노력하라는 충고의 마음이었다.[8]

한용운은 '정신수양'을 강조하기도 하였다.

> 요즈음 사람들은 정신수양이란 말에 대해서 흔히 오해를 가집니다. 즉 유심론을 주장하는 것 갓치 들 해석을 하니까요.
> 그러나 정신수양이라는 것은 결코 그러한 철학상 문제를 결정하려는 것이 아닙니다.
> 그럼으로 정신이 물질을 지배하느냐 물질이 정신을 지배하느냐 …… 라든가.
> 따라서 물질이 본위이냐 정신이 본위이냐 …… 라는 그러한 관념하에

---

8) 韓龍雲, 「나에게 萬一 靑春이 다시 온다면, 이러한 일을 하겟다, 專門知識硏究」, 『별건곤』 제21호, 1929년 6월 23일 발행.

서 말를 하려는 것은 아닙니다.

그러한 것 보담은 우리의 생활에 정신작용이 존재한 것만은 움직일 수 업는 사실이니까 그 정신의 작용을 수양한다는 의미에서의 정신수양 임니다.

이러한 의미에 잇서서 나는 이론 보담도 나의 경험을 간단히 말슴하 지요.

사람이 靜寂한때에 자기의 정신을 잘 가다듬고 반성하고 정돈을 하 고- 즉 수양을 하면 그 靜寂의 시기가 지나가서 일을 한다든가 또는 外 界의 일과 부드칠 때에 결코 荒唐狼狽하는 일이 업시 또는 일에게 압박 을 당하지 안코 평소에 자기가 가진 주의나 신념을 움직임이 업시 처사 를 하여나가게 됩니다.

그러니까 정신수양이라는 것은 행위와 접할 豫備라고 할 수 잇슴니 다.

그와 반대로 평소나 또는 靜寂한 때에 정신의 수양이 업는 사람은 …… 말하자면 공상이나 하고 철저하게 깨달음이 업는 사람은 일을 당 할때에는 그 일에게 압박을 바더라도 그것을 그룻트리게 됩니다.

나도 물론 큰 수양을 싸엇다고는 할 수 업스나 전에 정신의 수양을 아니한때의 나의 행동과 정신수양을 한 이후의 나의 행동을 비교하여 보면 크나큰 차이를 발견 할 수가 잇슴니다. 그러니까 가삼에 큰 포부를 품고 자기의 세운 주의와 주장을 실천하여 나가자면 더구나 깁고 확실 한 정신의 수양이 잇서야 할 줄로 밋슴니다.[9]

앞의 글을 통해서 알 수 있듯이, 한용운의 정신수양론은 이론적이거 나 정적인 수양만을 강조하는 것이 아니라 실천적 수양론에 입각한 것 이라 할 수 있다. 즉 본인의 확고한 생각과 의지를 실천함에 있어서 매 우 중요한 근본은 실천을 위한 예비적 차원에서 정신수양을 해야 한다 는 의미이다. 즉 "정신수양이라는 것은 행위와 접할 예비"라고 한 위의

---

9) 韓龍雲, 「精神부터 修養, 民衆에게 보내는 新春 멧세이지」, 『별건곤』 제26호, 1930년 2월 1일.

글이 이를 대변한다고 할 수 있다.

한용운이 민족 현실을 비판하며 민족 자존심을 강조한 점, 종교가로써 가져야 할 품성과 행동의 강조와 아울러 종교가 결코 사회생활을 떠나서 살아날 수 없다고 인식 한 점, 우리 민족의 사치와 허영 풍조 만연과 이를 척결하기 위한 실천운동으로서 근검절약과 같은 생활개선론을 주장한 점, 근대학문에 대한 전문지식인 양성을 통한 행복스럽고 광명한 사회건설을 주창한 점, 그리고 실천을 위한 예비적 차원에서의 정신수양론을 역설한 점 등은 실력양성을 통한 우리민족 각양각층에서의 독립투쟁을 이끌어 내기위한 초석을 구축하기 위한 혁신적 인식과 계몽활동이라 할 수 있다.

2) 근대 자유사상의 확립

만해는 유년시절부터 서당에 출입하면서 한학에 몰두하였기에 근대적 사고가 싹트기 시작한 것은 좀 늦은 편이다. 그가 근대적 사고를 갖기 시작하는 것은 1905년 이후 블라디보스톡, 일본 등지를 여행하면서 부터 이다. 그는 이렇게 국외 경험을 쌓기 위해 러시아, 일본, 만주 등지를 돌아다녔는데, 이러한 경험을 바탕으로 귀국해서도 『영환지략』이나 『음빙실문집』 등을 탐독하면서 근대적 세계관을 넓혀가기 시작하였다. 한용운은 『영환지략』을 읽고서 세계사정에 대하여 눈떴으며, 양계초가 지은 『음빙실문집』을 통해서는 서양의 근대사상가인 칸트와 베이컨의 자유론과 인식론을 인식하게 되었으며, 이러한 활동은 그의 자유독립 사상에 지대한 영향을 미쳤다고 할 수 있다.[10]

---

10) 안병직, 「만해 한용운의 독립사상」, 『한용운 사상연구』, 만해사상연구회, 1980, 67쪽.

1913년 출간한 『조선불교유신론』에 수록된 자아관(自我觀)에 대해 한용운은 "부처님께서는 천상천하에서 나라는 것이 가장 높다고 하셨으니 이는 그 사람마다 각각 하나의 자유인 진아(眞我)가 있다는 말이다. 부처님은 사람마다 출유(出有)한 진아와 제각기 소유한 진아에 대해서 남김없이 말씀하셨지만 칸트는 대동적(大同的)으로 함께 공유하고 있는 진아에 대해서는 언급하지 못했을 뿐이다"[11]라고 하면서 양계초가 말한 불교와 칸트의 말이 서로 다르다는 것은 타당하지 않다고 설명하였다. 그러면서 한용운은 분명 이 글에서 부처님의 자유관에 대해 개인적인, 개인만의 자유가 아닌 인류 보편적인 만인의 자유를 강조하고 있으며, 이러한 사유체계는 그의 자유독립 사상에도 그대로 녹아있다고 해도 지나치지 않을 것이다.

한용운은 1910년 한일합방이 되면서 국권은 물론, 한국어마저 쓸 수 없는 피압박민족이 되자, 국치의 슬픔을 이기지 못한 채 중국 동북삼성으로 갔다. 이곳에서 만주 지방 여러 곳에 있던 우리 독립군의 훈련장을 순방하면서 그들에게 독립정신과 민족혼을 심어주는 일에 전력하기도 하였다. 그리고 러시아혁명과 윌슨의 민족자결주의 역시 그의 근대적 사상 형성에 큰 영향을 주었다.

한용운은 자유에 대해, 자유는 만물의 생명이요, 평화는 인생의 행복이다. 그러므로 자유가 없는 사람은 죽은 시체와 같고 평화를 잃은 자는 가장 큰 고통을 겪는 사람이다. 압박을 당하는 사람이다. 압박을 당하는 사람의 주위는 무덤으로 바뀌는 것이며, 쟁탈을 일삼는 자의 주위는 지옥이 되는 것이니, 세상의 가장 이성적인 행복의 바탕은 자유와 평화에 있는 것이다. 그러므로 자유를 얻기 위해서는 생명을 터

---

11) 한용운 저, 서경수 역, 『조선불교유신론』, 삼성미술문화재단, 1972, 27쪽.

럭처럼 여기고 평화를 지키기 위해서는 희생을 달게 받는 것이다. 이것은 인생의 권리인 동시에 또한 의무이기도 하다.[12]

또 한용운의 자유사상은 곧 우리 개개인의 자유, 더 나아가서는 겨레, 국가의 자유 어느 것 하나 우리 자신이 노력하여 그것을 창조하고 그것에 방해가 되는 장애물이 있을 때에는 자신의 힘으로 과감히 그 장애를 극복하고 향유하여야 하며, 적대국인 일제가 너그러운 은혜를 베풀어 주기를 기다릴 것이 아니라 굳은 만족적 의지로 떨쳐 일어나야 함을 강조하는 것이다.[13]

이처럼 그는 만인의 자유, 인류 보편적인 자유를 강조하였으며, 특히 조선이 처한 현실 속에서 압박과 쟁탈을 일삼은 일제에 대해서는 무덤과 지옥에 비유하였고 우리 민족이 자유를 쟁취하기 위해서는 개인 생명에 대한 존엄성도 중요하지만 만인 생명의 존엄성, 즉 우리 민족 존엄성이 더 우선시 되어야 함을 강조하였다.

또 한용운은 1930년대 불교사회주의에 대해서도 깊은 관심을 가졌던 것으로 보인다. 당시 불교사회주의와 관련한 기자와의 대담 내용을 보면 아래와 같다.

> 佛教社會主義란?
> 기자 석가께서 지금 오늘 점심 때 쯤 光化門통을 지나다가 큰 富者를 맛낫다고 합시다. 그때에 엇지 햇겟슴니가.
> 韓 경전에 「두 벌 옷을 가젓거든 버서주라」고 하섯슴니다. 물론 그리 하섯겟지요. 대체로 석가께서는 재산의 축적을 부인합니다. 경제상의 불

---

12) 한용운 저, 심관호 편, 「朝鮮獨立의 書」, 『韓龍雲隨想錄』, 신구문화사, 1976, 26쪽.
13) 이영무, 「만해 한용운의 자유사상」, 『한용운의 3.1독립정신연구』, 만해사상연구회, 1994, 29쪽.

평등을 배척합니다. 당신 자신도 늘 풀로 옷을 지어입으시고 설교하며 도라다니섯습니다. 소유욕이 업시 사자는 것이 그분의 이상임니다. 선한 자, 악한 자라 함이 소유욕에서 나온 가증할 고질이 아님니까.

　기자 석가의 경제사상을 현대어로 표현한다면.

　韓 佛敎社會主義라 하겟지요.

　기자 불교의 성지인 印度에는 佛敎社會主義라는 것이 잇슴니까.

　韓 업슴니다. 그러치만 나는 이 사상을 가지고 잇슴니다. 그럼으로 나는 최근에 佛敎社會主義에 대하야 저술할 생각을 가지고 잇슴니다. 기독교에 基督敎社會主義가 학설로서 사상적 체계를 이루드시 불교 亦 佛敎사회주의가 잇서 오를 줄 암니다.[14]

　그가 주창하고 싶은 불교사회주의가 구체적으로 어떻게 실현되었는지는 대담에서 밝힌 저술이 없기에 확인할 수 없다. 그러나 그가 주창한 불교사회주의 역시 앞서 언급한 자유와 평등 사상에 기초한 것으로 절대적 자유는 사회적 자유를 실현하기 위하여 끊임없이 투쟁·발전하여 완전한 내면적 자유와 사회적 자유를 실현하는 것으로 이해할 수 있다. 즉 이른바 완전한 자유와 평등을 보장하는 사회가 그가 주창하고 싶은 불교사회주의일 것이다.[15] 그가 대담에서도 밝혔듯이 석가의 평등사상과 무소유 사상을 강조하였으며, 석가의 자유와 평등 그리고 무소유에 입각한 경제 사상이 그가 말하고자 한 불교사회주의로 이해할 수 있다. 또 경제적 측면에서 불교사회주의를 말한 것은 불교의 유신론적 교리를 통해 민중의 경제적 자유와 경제적 평등을 실현해보고자 함이었다.

---

14) 「대담·좌담 주제: 大聖이 오늘 朝鮮에 태어난다면?」, 『삼천리』 제4권 제1호, 1932년 1월 1일.

15) 안병직, 「만해 한용운의 독립사상」, 『한용운 사상연구』, 만해사상연구회, 1980, 79쪽.

3) 민족독립운동

한용운이 독립운동에 참여할 수 있었던 중요한 계기가 중에 하나는 그가 어렸을 때부터 선친으로부터 현실인식과 의인걸사들에 대한 많은 사실들을 접할 수 있었기 때문이었던 것으로 보인다. 아버지 한응준은 매번 그에게 의인걸사의 언행과 역사적 사실, 그리고 의인걸사들이 나타났을 때의 사회상에 대한 많은 상황들을 전해주었다.

> 나는 어린 소년의 몸으로 先親에게서 나의 일생운명을 결정할 만한 중요한 교훈을 박엇섯스니 그는 국가 사회를 위하야 一身을 바치는 녯날 義人들의 행적이엇다. 그래서 매냥 先親은 스사로 그러한 종류의 書册을 보시다가도 무슨 감회가 게신지 朝夕으로 나를 불너다 세우고 넷 사람의 傳記를 가르처주엇다. 어린 마음에도 史上에 빗나는 그 분들의 氣槪와 思想을 숭배하는 마음이 생기어 엇더케하면 나도 그러케 훌융한 사람이 되여 보나하는 것을 늘 생각하여 왓다.[16]

선친이 수시로 일러 준 위인전기는 그가 소년이었을 시절 올바르고 자주적인 국가와 민족의식의 함양하는데 원초적 토대가 되었다고 할 수 있다. 한용운의 맹렬한 독립론은 "국가의 흥망은 그 민족의 책임이며, 조선독립운동은 일본의 압박을 피하고자 함이 아니라 조선민족 자신이 스스로 살고 높이고자 함"[17]이라 하였다. 이에 한용운의 조선독립운동은 먼저 조선 민족 스스로 민족의 자존감을 배양할 수 있는 토대마련에 초점을 두었다고 할 수 있다.

---

16) 한용운, 「나는 웨 僧이 되엇나?」, 『삼천리』 제6호, 1930년 5월 1일 발행.
17) 『동아일보』, 「獨立宣言事件의 控訴公判-韓龍雲의 猛烈한 獨立論」, 1920년 9월 25일자.

만해 한용운이 3·1 만세운동에 가담하게 된 직접적인 계기는 1919년 2월 20일경에 최린에게서 이번의 조선독립운동의 기도가 있는 것을 듣고, 그것에 가맹하고 3월 1일 명월관지점에서 회합하여 선언서를 발표하면서이다. 한용운은 1919년 2월 28일 밤 경성부 계동 43번지 자택에서 학생 수명과 함께 손병희 등 33인의 명의로 된 독립선언서라고 제목을 붙인, '조선민족은 일본 제국 영토의 1부인 조선의 독립을 선언하였으므로 이 목적을 달성하기 위하여 조선민족은 최후의 1인, 최후의 1각에 이르기까지 운동하여야 한다'는 취지문을 신상완 등에게 배포하고 3월 1일 다수의 군중이 경성 부내에서 조선독립만세를 높이 부르며 시위운동을 벌이자고 주장하였다.

　한용운의 집에서 조선독립만세운동의 취지서를 전달 받은 신상완은 그날밤 경성 부내의 민가에 배포함으로써 치안을 방해한 후 경찰 관헌이 수색중이라는 말을 들었다. 신상완은 동월 15일 경성을 출발하여 중국 상해로 건너갔다가 동년 8월 10일경, 경성으로 돌아와 동월 15일 경성부 인사동 105번지 숙소에서 조선독립운동을 목적으로 하는 참칭 상해가정부로부터 파견된 이성춘(李成椿)이라는 자를 만났다. 그로부터 그 정부 국무총리 이승만 명의의 강원도 특파원에 명한다는 내용의 사령서 및 내무총장 안창호 명의의 대한민국정부 성립 축하를 위하여 다시 10월 3일을 기하여 제2회의 조선독립 시위운동을 실행하도록 하라는 내용을 교사한 인쇄물 몇장을 교부받았다.

　신상완은 강원도 원주·춘천·철원으로 가서 동 지방의 유력자에게 교부하고 그 운동의 실행에 대하여 선동하라는 내용을 의뢰받고, 동년 9월 중순경 이를 휴대하고 철원군 철원면 야소교 남감리파 신도 신원균, 강대려, 원주의 조윤여, 춘천의 유한익(劉漢翼) 등에게 전달하였다. 강대려는 다시 시위운동 실행의 부탁을 받고 신원균·오세덕·박건병·이봉하·김완호·이연수·김철회·이용우·신순풍 등과 협의한 후에

위 시위운동의 목적을 달성하기 위하여 인쇄물을 배포하였다. 그리고 철원면 사요리(四要里) 우시장에서 박건병·오세덕이 군중 선동의 책임을 맡고 만세를 높이 부르게 한 후 박건병·오세덕에게 대하여 다른 관계자로부터 여비를 조달하게 하여 상해로 도주하게 하도록 하였다. 경성의 동지로부터 보내온 미국기·만국기 및 철원에서 제작한 구한국의 태극기를 오세덕 등에게 교부하고, 박건병이 가져 온 대한민국정부성립축하회선언서(大韓民國成立祝賀會宣言書)라고 제목한 조선독립의 목적은 착착 진척되었다. 우리 조선 국민은 10월 3일을 기하여 정부 성립 축하를 위하여 남녀 노소를 불구하고 점포를 폐쇄하고 일제히 대한민국정부 성립 만세를 부르는 등의 취지의 문장을 나열한 원고를 받았다.

관청의 허가를 받지 않고 신순풍으로 하여금 철원면사무소에서 동소에 비치한 등사판기를 이용하여 위의 원고와 같이 수백장을 인쇄시키고 준비를 갖춘 다음 동년 10월 10일 박건병·오세덕으로 하여금 위의 인쇄물을 철원면 내의 민가에 배포 또는 길바닥에 살포하게 하였다. 동일 오후 8시 철원면 사요리 우시장에서 박건병·오세덕으로 하여금 군중에게 앞에 말한 미국기·만국기·태극기를 게양하고 만세를 불러 시위운동에 참가하도록 하는 내용의 취지를 선동하였다.

이처럼 한용운을 기점으로 3·1 만세운동은 강원도 전역으로 확산되었으며, 그 기운은 같은 해 10월까지도 강원도 전역에서 조선독립운동을 목적으로 하는 비밀결사인 대한독립애국단의 도단(道團)·군단·면단 체계로의 결성 형태로 나타났다.[18] 대한독립애국단은 이념적으로 구성원의 대부분이 신교육을 받았거나 기독교인이었다는 점, 그리고 애국단의 행동 지침이 상해임시정부에 대한 지원을 내세우고 있는 것

18) 독립운동사편찬위원회, 『독립운동사자료집』 9(임시정부사자료집), 1975, 996~997쪽.

등으로 보아 자유주의 이념에 바탕을 둔 것으로 이해된다.[19]

따라서 한용운이 선언한 조선 독립의 이유를 보면, 민족의 자존성, 조국사상, 자유주의, 그리고 세계에 대한 의무 등 네가지[20]인데, 대한독립애국단을 주도하였던 신상완은 한용운의 독립이념을 계승하면서 애국단을 결성하였던 것으로 이해된다. 한용운은 옥중에 있었으므로 애국단 결성에 직접 가담하지는 않았지만 이념적으로는 상당한 영향을 미쳤던 것으로 이해해도 무방할 듯 하다.

그런데 당시 일제는 3·1 만세운동을 내란사건으로 규정하고 1919년 8월 27일 고등법원에서 관련자들에 대한 신문을 실시하였다. 예심계 조선총독부 판사 남상장(楠常藏)이 독립운동의 방법과 선언서를 배포한 까닭에 대해 묻자, 한용운은 "선언서를 널리 배포하고 선언을 발표하고, 그 발표한 것을 강화회의의 대표자에게 보내고, 그리고 미국 대통령 윌슨에게도 보내고, 한편 일본정부에도 청원서를 보내고자 함이며, 선언서 배포는 일반 인민 조선인에 대하여 우리들이 독립을 선언했다는 것을 알리기 위해서이다"[21]라고 답변하였다.

결국 한용운은 이로 인해 3년형을 언도받고 수감되었는데, 그에 대한 판결문은 "불교측의 유력한 자로서 독립선언서의 분포를 담당하여 경성 시내에 약 3천매를 배포하였으며, 3월 1일 명월관에서 독립선언식을 할 때, 우리가 무사히 독립 선언을 발표함은 지극히 경하할 바이며, 독립을 위하여 더욱 노력함을 바란다는 연설을 하고 독립만세를 선창

---

19) 장석흥, 「대한독립애국단 연구」, 『독립운동사연구』 제1집, 독립기념관 한국독립운동사연구소, 1987, 200쪽.
20) 한용운 저, 김관호 편, 「朝鮮獨立의 書」, 『韓龍雲隨想錄』, 신구문화사, 1976, 18~21쪽.
21) 『韓民族獨立運動史資料集』12(三一運動 II), 「三·一 獨立宣言 關聯者 訊問調書」

한 자다"[22]라는 것이었다.

그가 3·1 만세운동으로 인한 수감생활을 마치고 출소한 직후 기독교청년회관에서 민족혼 정신을 강조하는 강연과 연설을 펼쳤는데, 조선불교청년회 주최로 개최된 강연에서 그는 "개성 송악산에서 흐르는 물이 만월대의 티끌은 씻어 가도 선죽교의 대는 못 씻으며, 진주 남강의 흐르는 물이 촉석루 먼지는 씻어 가도 의암(義菴)에 서려 있는 논개의 이름은 씻지 못합니다"[23]라고 강연하면서 굳건히 이어져 오는 민족의 혼과 자존심을 강조하였다. 이와 같은 계몽적 성격을 가진 문화운동의 일환으로 그가 펼친 주요 활동은 1923년 물산장려운동을 적극 지원하였으며, 민립대학발기총회 중앙집행위원으로 선임되어 민립대학 설립 운동에도 적극적이었다.[24]

그는 조선민족이 현실 극복을 위해서는 민족적 대협동기관 조직의 필요성을 강조하였는데,[25] 그것은 1927년 1월 19일 창립된 신간회로 귀결된다. 그는 신석우, 안재홍, 김준연, 이관용, 문일평, 홍명희, 조만식, 신채호, 백관수, 권동진, 이갑성, 유억겸, 이상재, 이승복, 한기악 등 34인과 함께 1927년 2월 15일 신간회 창립총회를 열고 정치적, 경제적 각성을 촉구함, 단결을 공고히 함, 기회주의를 일체 부인함과 같은 강령

---

22) 任重彬, 『韓龍雲一代記』, 正音社, 1974, 140쪽.

23) 任重彬, 앞의 책, 147쪽.

24) 『개벽』 제43호, 「皆自新乎-最近一年中의 社會相」 1924년 1월 1일 발행 "민립대학발기총회의 개최이엿다. 29일부터 3일간을 회의하엿는데 그 모양은 심히 성대하엿다. 총자금을 1,000만원으로 하고 위선 제1기로 法, 政, 文, 理의 4과를 두되, 제1기 사업에 드는 자금 300만원을 癸亥午안으로 노심하기를 약속하고 혀여젓다, 그 모집기관으로는 서울에 중앙부, 지방에 지방부를 두고, 중앙에는 집행위원 韓龍雲, 李昇勳 등 30인을 두어 써 그 일을 실현하기로 하엿다."

25) 한용운, 「民族的 大協同機關 組織의 必要와 可能如何-都是難言」, 『혜성』 제1권 제1호, 1931년 3월 1일.

을 발표하기에 이르렀다. 또 그는 창립 이후 신간회 중앙집행위원으로 활동하면서 경성지회장에도 추대되었다.[26]

한용운은 1929년 12월 경기 경찰부에 체포되기도 하였는데, 그 까닭은 민중대회사건 때문이었다. 이 사건은 광주학생사건이 기인이 되어 당시 신간회 수뇌자들이 민중대회를 개최하려다가 사전발각으로 피체된 것이다. 그때 유죄판결된 사람은 허헌, 홍명의, 이관용, 조병옥, 이원혁, 김무삼 등 6명이고, 감옥에 갔다가 불기소 석방된 사람은 한용운을 포함한 권동진, 주요한, 김항규 등 4명이었다.[27]

조선민족이 처한 현실 극복을 위해서 민족적 대협동기관 조직이 필요하다고 강조한 그는 1931년 3월 '도시난언(都是難言)'이란 표현으로 '민족적 대협동기관의 조직'의 한계성을 지적하였다. 즉 그는 현실적으로 조선 민족의 단결된 모습과 독립을 위해서 협동이 필요함을 강조하였으나 현실적인 문제, 다시 말해서 민족 내 독립운동 세력의 분열 등과 같은 한계성을 지적하였다.

한용운이 민족 대협동의 필요성을 강조한 1925년 1월 1일 『동아일보』 기사에서도 "민족운동과 사회운동, 이것이 우리 조선 사상계를 관류하는 2대 주조입니다. 이것이 서로 반발하고 대치하여 모든 혼돈이 생기고 그에 따라 어느 운동이고 다 뜻같이 진행되지 않는가 봅니다. 나는 두 운동이 다 이론을 버리고 실지에 착안하는 날에 이 모든 혼돈이 자연히 없어지리라 믿습니다"[28]라고 한 사실은 이미 이론적이든 운동방법적인 측면에서 민족독립운동을 전개함에 있어서 분열로 인한 어

---

26) 任重彬, 위의 책, 148쪽.

27) 『삼천리』 제6권 제5호, 「出頭巨頭의 其後, 第一·二次 共産黨事件의 首腦者, 民衆運動者大會事件의 首腦者」, 1934년 5월 1일.

28) 『동아일보』, 「혼돈한 사상계의 선후책」, 1925년 1월 1일자.

려움이 있음을 지적한 것이라 할 수 있다.

한편 한용운은 만당사건에도 관련되어 곤욕을 겪었다. 그는 만당사건에 직접적으로 관련되지는 않았지만 그 주동인물들이 그의 제자들이었고, 그의 영향 아래 집결된 불교청년단체였기 때문이다. 표면적으로는 순수한 종교단체였으나 안으로는 왜경의 감시를 피해 지하 항일 독립운동을 횡적으로 전개해 나갔다. 이 단체의 지하활동이 왜경에 발각되어 6차례에 걸쳐 많은 청년단체 회원들이 곤경을 겪었다.[29]

따라서 한용운 민족운동의 특징은 민중들에게 근대적 인식이 확산되도록 하는데 기여하였을 뿐만 아니라 민족 자존심 함양에 초첨을 맞춘 계몽적 성격의 문화운동이라 할 수 있다. 또 이러한 민족운동을 실천함에 있어서 그는 분열로 인한 불편한 관계보다는 사람과 단체 그리고 이론적 측면에서 대협동을 강조함으로써 신행합일을 강조하고 실천하였던 인물이다.

---

29) 『한국인의 인간상』 「한용운」, 신구문화사, 1966, 314쪽.

2. 강원 영동지방 정미의병 실상과 성격

1) 대한제국기 주요 의병부대

의병이란 민병으로서 나라가 위급할 때에 의로서 일어나 국가의 명령이나 징발을 기다리지 않고 종군하여 분연히 대적하는 자를 의미한다.[30] 한말의병의 시기구분은 대체로 을미의병(제1기), 을사의병(제2기), 정미의병(제3기)과 같이 간지로 호칭되는 3시기 구분법과 을미의병(제1기: 전기, 1895~1896), 을사의병(제2기: 중기, 1904~1907.7), 정미의병(제3기: 후기, 1907.8~1907.10), 전환기의병(제4기: 1909.11~1914.5) 등 4시기 구분법이 일반적으로 통용되고 있다.

강원도의 정미의병은 원주 진위대 병사들이 관동일대 의병활동의 중핵이 되었으며, 민긍호가 원주, 제천, 홍천에서, 손재규가 원주, 인제에서, 임여성이 제천, 영월에서 김덕제가 강릉, 춘천, 삼척에서 활동했다. 특히 강원도의 의병활동은 1908년 후반기에서 1909년으로 넘어가면서 점차 쇠락하고 경상도와 전라도 경기도의 의병활동이 커져가고 있었다.[31]

(1) 민긍호 의진

강원도 지역의 대표적인 정미의병 부대는 민긍호 의병부대, 이강년 의병부대, 이인영 의병부대, 유홍석 의병부대, 지용기 의병부대 등을 들 수 있다. 이들 부대 외에도 영서 지방에서 활약한 의진은 철원·화천 일대에서 활동한 허위·왕회종·김진묵·박선명 의병부대, 최영석·인찬옥·

---

30) 朴殷植, 『韓國獨立運動之血史』, 상해, 유신사, 1920, 17~18쪽 참조.
31) 『강릉시사』 제1편 역사, 제8장 근대의 강릉지방.

최천유·이인재·길정희 의병부대, 원주 부근에서 오정묵·김치영(현국)·한상설(열) 의병부대, 인제 부근에서 손재규(전 원주진위대 참위) 의병부대, 박여성 의병부대 등이 있다. 영동지방에서는 강릉 부근에서 박장호·주광석·최돈호 의병부대, 울진 부근에서 성익현·정경태·신돌석·박준성(전 원주진위대 참위) 의병부대, 금강산 장안사 일대를 근거지로 한 고중록 의병부대, 금성지역에서 연기우·김상진·이여정·김영준·채응언·황주일·김태희 의병부대, 삼척부근에서 변학기·김운선 의병부대들이 상호 연락하에 일본군과 치열한 의병항쟁을 전개하였다.

한국군대가 해산당할 당시 군대의 배치상황은 서울에 시위대 제1연대(3개대대)와 제2연대(3개대대)를 두었고, 지방에는 진위대(모두 8개대대)를 두고 있었으며, 진위대의 병력은 약 500~600명 정도로 진위대 소재를 비롯해서 관할구역의 중요 지점에 다시 분견대를 두고 있었다. 그리하여 원주진위대(약 600명의 병력)의 소재지 원주에는 약 250~300명의 군대를 주둔시키고, 나머지 군사는 관할구역내의 여주분견대(파견주둔대), 춘천분견대, 죽산분견대, 강릉분견대, 고성분견대 등에 나누어 둔치시키고 있었다.

일제는 8월 1일 서울시위대의 해산에 뒤이어 지방 진위대도 차례로 해산시키도록 계획하고 있었다. 원래 진위대 제5대대인 원주진위대(참령 이하 장교 10명, 하사졸 251명)의 해산예정일은 8월 10일이었고, 원주관할 소속의 강릉분견대와 여주분견대(파견대)의 해산 예정일은 8월 13일이었다. 그러나 원주진위대는 이에 불복하여 8월 5일 민긍호를 중심으로 제일 먼저 봉기하였다.

서울시위대의 해산과 봉기의 소식이 8월 1일 오후 원주진위대에 알려지자 영내 병사들이 동요하기 시작하였다. 대대장 홍유형이 군부의 전보 명령에 의해 8월 2일 상경 길에 오르자 해산명령을 받으러 가는 것임을 판단한 병사들은 특무정교 민긍호를 지휘자로 하여 본격적으로 봉기 준비를 시작하였다.

민긍호 등에 의해 급파된 1소대는 상경 도중의 지평에서 홍대대장을 붙잡아 협박해서 원주진위대를 지휘하여 서울로 진군할 것을 요구하였다. 홍대대장은 위협에 눌려 이를 승락한 다음 병사들을 기만해서 밤중에 여주로 도망하여 위급을 면한 다음 서울로 도망해 버렸다.

원주진위대 병사들은 8월 5일 오후 2시 마침내 봉기하였다. 민긍호 등이 이 날을 봉기일로 택한 이유는 이날이 원주읍 장날이어서 많은 농민들과 포수들이 장터에 모이기 때문이었다. 민긍호 등은 장교와 병사들을 모두 집합시킨 후 봉기를 선언하고, 장교들을 위협하여 봉기에 동의한 대대장 대리 정위 김덕제를 설복하여 전 대원을 동지로 만들었다. 한편, 봉기에 반대한 6명의 장교들을 체포하는 동시에, 장꾼과 읍민들 중에서 호응자 300명을 모집하고, 무기고를 열어 병사들은 물론 이때 호응한 장꾼과 읍민들에게도 모두 무기(약 1,600정)와 탄약(약 4만 발)을 분배하여 대오를 편성하였다. 이에 민긍호 의병부대가 탄생하였으며, 그들은 일제히 총성을 울려 구국을 위한 봉기를 알렸다.

원주진위대의 봉기와 민긍호 의병부대의 편성은 서울시위대가 8월 1일 봉기한 후 바로 뒤이은 것으로서, 지방 진위대의 봉기로서는 최초의 것이었으며 가장 규모가 큰 것이었다. 이 때문에 원주진위대의 봉기와 민긍호 의병부대의 편성은 다른 진위대 병사들의 봉기와 의병부대에의 합류에 결정적 영향을 미쳤을 뿐만 아니라, 중부지방을 비롯한 각 지방에서 민간인들의 연이은 의병봉기에도 사기진작에 큰 영향을 미쳤다. 이에 진위대 해산군인의 봉기와 의병부대 편성은 침체해 가던 의병항쟁에 활기와 전투력을 불어넣었다.

원주를 떠나 평창지역으로 이동한 봉기군은 부대를 둘로 나누어, 1개 부대는 김덕제의 지휘 하에 대관령을 넘어 동해안 지방인, 강릉·양양·간성·흡곡·통천지방으로 진출하여 의병부대로서 새로운 활동무대를 개척하게 되었고, 나머지 1개 부대는 민긍호가 지휘하여 평창·영월의 산간에서 부대를 가다듬고 제천·충주·장호원·여주·홍천 등지에서 의병으로서의 이름을 크게 떨치게 되었다.

민긍호는 자신의 직접 지휘 하에 강릉읍을 습격하기에 앞서 강릉수비대 앞으로 "일본군이 먼저 쳐들어 올 것을 기대하고 있다"[32]는 편지를 보내서 응전해 올 것에 대비하였다. 이에 놀란 일본군은 강릉수비대 이외에 일본 해군육전대 1개 중대를 강릉에 상륙시켜 합동해서 강릉을 지키도록 조치하였다. 민긍호 의병부대는 집결된 약 1천 명의 병력으로 1907년 11월 27일 새벽에 강릉읍에 대한 공격을 개시하였다. 의병부대는 우선 일본군의 저항을 봉쇄하면서 강릉읍을 서·남·북 3면에서 포위 점령하려 하였다. 그러나 증파된 일본군 육전대의 3시간에 걸친 완강한 저항으로 강릉읍 점령을 실패한 채 일본군에게 심대한 타격만 주고 11월 27일 아침에 외곽으로 철수하였다.

다음날(11.28) 강릉 북방으로부터 제2차 공격을 개시하여 2시간의 격전 끝에 강릉읍의 점령을 거의 목전에 두고 있었다. 그러나 일본군 육전대의 저항이 결사적이었고, 더구나 탄환이 고갈된 상태에서 부득이 양양 방면으로 철수할 수 밖에 없었다. 이 전투야 말로 민긍호 의병부대가 수행한 가장 대규모의 격전으로서 쌍방에서 다 같이 많은 사상자를 낸 격전 중의 격전이었다. 민용호 의병부대는 27일 전투에서 사상자 약 100명, 포로 2명, 기타 총기류 15점을 잃었고, 또 28일 전투에서는 의병측이 사상자 80명, 총기류 22정을 노획당하였으나, 일본측은 손실이 전무한 것으로 기록하고 있다.

---

32) 『暴徒에 關한 編冊』, 資料8, 義兵 I, 124쪽.

(2) 이강년 의진

이강년 의병부대는 경북·충북·경기·강원지역 일대에서 항쟁을 벌인 의진으로 을미의병과 정미의병에 있어 민긍호 의병부대와 같이 단위부대로서는 가장 치열하게 의병항쟁을 전개한 대표적 의병부대였다. 일제의 해산명령에 대하여 한국군대는 불복하여 진위대 제5대대 소속 원주진위대가 8월 5일 원주읍 장날을 택하여 오후 2시부터 봉기하였다는 소식을 접한 이강년은 원주진위대가 봉기하였다는 소식을 듣고 원주로 달려갔다. 진위대 무기고에서 민긍호와 김덕제 부대가 탈취한 1,600여 정의 소총과 40,000여 발의 실탄으로 무장하고, 나머지 무기와 탄약을 입수하여 이를 배향산에 옮긴 후 그 무기를 바탕으로 하여 병력을 모아 수백명의 의병부대를 조직하였다.[33] 더구나 이때 이강년은 전판서 심상훈의 비밀칙령을 받들고 의병들과 함께 더욱 의기충천, 일사보국의 결의를 다지게 되었다.[34]

이렇듯 고종의 밀지까지 받게 된 이강년은 8월 10일 병력을 이끌고 배향산을 출발하여 8월 13일 제천에 무혈로 입성하였다. 이때 안성해를 중군으로 삼고 이한응은 후군으로 삼았으며, 이강년 자신은 군수로서 부대를 이끌어 가면서, 주천을 거쳐 제천으로 입성한 민긍호 부대와 합류하게 되었다.

드디어 이강년·민긍호 의병부대가 전열을 가다듬고 있던 8월 15일 일본군이 나타났다는 보고를 받고, 이강년은 윤기영을 일본군이 지나

---

33) 『雲崗先生倡義日錄』, 30쪽.
34) "宣傳 李康秊으로 都體察使를 삼아 七路에 勸送하니, 良家의 재주있는 자제들로 각기 義兵을 일으키게 하고 召募官(將)에 임명하여 印符(인장과 兵符)를 새겨서 쓰도록 하라. 만일 명을 쫓지않으면 관찰사와 수영들을 먼저 베어(斬) 罷出하고 처분하여 강토를 보전하고 사직을 수호함에 목숨을 다하여라."(『雲崗先生倡義日錄』, 33~34쪽)

갈 골목으로 판단되는 제천 서쪽의 천남리 뒷산에 복병하게 하였다. 그러나 이날 일본군 제12사단 47연대 3대대장 하림(下林, 小佐) 지대 휘하 말안중위(末安中尉)의 1개소대는 원주로 부터 주포를 경유 제천과 충주가도를 따라 전진하였기 때문에 의병의 매복지점을 피해서 제천으로 진입할 수 있었다. 이같은 사실을 뒤늦게 알게된 이강년은 이날 밤 350여 명의 병력을 이끌고 민긍호 부대와 함께 공략하도록 하였다. 그리하여 이강년·민긍호 부대는 제천읍을 남북에서 포위하여 야영중인 일본군을 급습하였다. 일본군 하림(下林)지대의 말안중위가 인솔한 1개 소대는 의병의 양면공격을 받고 고전 끝에 밤을 틈타 충주로 패주하였다.

일본군 토벌대와의 첫접전에서 적을 패퇴시킨 이강년 부대는 8월 19일 북상하여 영월 주천에 유진하면서 의진을 재정비 강화하였다.

한편 1907년 11월 죽령에서 큰 접전을 벌였던 이강년 부대 300여 명은 소백산을 거쳐 영춘·의풍과 고치령(의풍 남쪽 5km)을 넘어 11월 11일 순흥을 공격하였다. 이때 울진·봉화지역에서 활약하던 신돌석 부대 200여 명이 합세하였다. 이어 이들 의병부대는 순흥의 일본군 분견소와 경찰관서를 파괴하고, 관가·민가 180여 호를 소각한 후 이강년은 다시 영춘·의풍으로 회군하였고, 신돌석 부대는 봉화 서벽(봉화 동북쪽 16km)으로 이동하였다.

순흥에서 의풍으로 회군한 이강년 부대는 서북쪽의 영춘과 영월 사이로 흐르는 옥동천 연변지역에서 40여 명을 거느리고 새로 합류한 영좌도총 변홍기를 우군장으로 임명하여 관동지방의 여러 의진을 연합해 오도록 하였다. 이 때 이강년은 일본군토벌대가 출동했다는 정보에 따라 11월 22일 소모장 남필원과 도총 이중희와 함께 정족의 형세를 만들어 영월·평창·정선 세지역으로 분산 공격케한 후 11월 25일 본진·별진·군 100명을 거느리고 괴진을 건너 좌우선봉장의 지휘하에 정예군 80명으로 율치에 매복하게 하였다. 한편 중군장 김상태에게도 5초(560명)를 주어 백자동에 매복하게 하고, 좌군장 이세영에게 6초(670여 명)를 주어 남북진을 파수하게 하므로서 서북쪽의 일본군(영월 수비대 30명)을 방비하게 하였다.

이강년 부대가 순흥·단양·풍기·영춘 지역에서 일본군과 싸우면서 악화된 군세를 회복하기 위하여 소모에 주력하고 있을 때, 경기도 지평·가평지역에서 기세를 올렸던 관동창의대장 이인영으로부터 경기도 양주로 집결하라는 통문을 받았다.[35]

그러므로 이강년 부대는 경기도지역으로 진로를 바꾸어 12월 28일에 평창의 대화를 거쳐 태백산맥을 따라 북상하였다. 1908년 1월 1일에는 홍천군 내촌면 동창을 거쳐 다음날(1.2) 괘석리(홍천 동북방 32km), 1월 4일 삽교(괘석리 서쪽 17km)를 지나고, 소양강을 건너 낭천의 간척리(삽교 서북방 17km)로 진출한 후 1월 7일 경기도 가평 광악리를 지나 1월 8일(丁未 12.5)에 비로서 경기도 땅 용소동(가평 서북쪽 18km) 부근에 당도하였다.

이강년 부대가 경기지역에 도착하였으나, 그들의 목적지인 양주지역으로의 진출은 여의치 않았다. 그들은 일본군과 싸우면서 오랜 행군을 해 왔으므로 병력이 피로한데다 일본군 수비대와 경찰대들이 앞을 가로 막았던 까닭에 좀처럼 그들의 저지선을 뚫을 수 가 없었다. 이에 따라 호서창의대장으로서 충청지역 의병을 총동원해야 할 이강년은 약속된 집결일자에 병력을 집결시키지 못하게 되었으며, 또한 강원지역의 민긍호 의병부대 역시 이강년 부대와 마찬가지로 적과 싸우는 동안 집결지까지 이르지 못하고 끝내 서울 진공작전에 참여하지 못하게 되었다.

---

35) 『大韓每日申報』1907년 11월 28일자「雜報-地方消息-」.

이와 같이 당시 조직력과 전투력이 강한 의진으로 평가되었던 이강년·민긍호 두 의병부대가 직접참여하지 못함으로써 결국 13도의병연합진영의 서울탈환이라는 원대한 꿈을 실천에 옮겨 보지도 못한채 무산되는 결정적 요인으로 작용하게 되었던 것이다.[36]

1908년 이강년 부대가 경기도에서 2개월 동안 자주 일본군과 접전을 벌이고 있을 때, 3월 19일(2.17) 새벽 가평의 수비대 병력이 이강년 부대를 토벌하려고 용소동으로 진출하였다. 이강년은 도선봉 하한서로 하여금 용소동 관청리 부근에 군사를 매복하게 하고 진지에 일본군이 접근하면 선제공격을 가하도록 하였다. 이에 하한서의 군사와 가평의 일군본수비대가 접전을 벌이게 되자, 이강년은 별포와 후군을 거느리고 외복호산 위로 일본군 후미를 공격하여 일본군 100여 명을 사살하고, 버리고 달아난 많은 군수품을 노획하여 대청리로 회군하였다.

일본군수비대가 대대적으로 대청리에 출동함으로써 3월 22일(2.20) 이강년은 군사를 나누어 힘껏 싸웠으나 부대가 분산되었다. 이에 이강년 부대는 3월 28일 일본군을 다시 유인하여 좌우협공으로 무너뜨리고 3월 29일 가평 광악리를 지나 광학리에서 밤을 지낸 후 춘천 증운에 당도하였다. 4월 2일(3.2) 그동안 여러 차례 오가면서 의세를 합치던 화남 박장호가 이강년 의진에서 영동지역으로 떠나갔고, 이강년 부대 역시 경기도지역에서 일본군의 저지선을 돌파하지 못한 채 다시 강원도 지역으로 계속 이동하였다. 그리하여 4월 6일 인제 서면을 거쳐 다음날 오색리로 행군하여 4월 10일 설악산 백담사에 유진하였다. 이때 우군 선봉 최동백이 군사 수십명을 모집하여 왔으므로 200명 병력으로 의병부대가 보강되었다. 4월 13일 다시 일본군 500여 명의 공격

---

36) 李求鎔, 『江原道抗日獨立運動史』Ⅲ, 光復會江原道支部, 1992, 253쪽.

을 받은 이강년 부대는 수십명의 사상자를 내게 되었고, 이 싸움에서 일본군도 수백명을 잃었다. 이강년은 4월 14일 부대를 간성 신흥사(현 속초)로 옮겨 군사들을 교련시키는 한편 오세암과 양양을 경유하여 강릉에 닿았다. 4월 29일(3.29) 강릉 사방사 부근에서 적을 만나 접전하였는데 많은 의병 사상자를 내었다.

5월 1일(4.2) 강릉에서 설악산 봉정암으로 행군하여 양양 서면을 거쳐 5월 2일 홍천 북방면에 이르렀다. 이때 일본군이 양양 쪽에서 추격해왔으므로 이강년 부대는 이들을 반격하여 퇴각시키고, 버리고 달아난 군수품들을 노획하였다. 다음날 밤에 남면의 양양성 밖으로 옮겨 해변가의 백사장에 의진을 설치하고 있을 때, 일본군이 습격하였으므로 하한서가 정예병을 거느리고 그들을 맞아 싸워 퇴각시켰으며, 5월 4일에는 강릉 연곡현으로 이동하여 군사들을 휴식토록 하였다.

이와 같이 강원지역의 인제·강릉·양양 등지에서 전투를 벌이던 이강년은 자신이 지리를 잘아는 경상도지역에서 의진을 재편하여 기세를 떨쳐보고자, 강릉에서 태백산 줄기를 따라 경상도로 다시 남하하여 영월을 거치면서 충청지역과 경북지역에서 모집한 500여 명의 군사를 거느리고 봉화, 예천, 영주, 안동, 예안 등지에서 의병활동을 전개하였다.

이강년 부대는 그간에 제천·주천·영춘·영월·평창 지역을 전전하면서 부대의 재건에 전력을 기울였다. 그러나 경상·충청·강원·경기지역을 누비면서 일본군 수비대·경찰대와 접전을 계속해왔으므로 휘하의 많은 의병장들이 전사하였을 뿐 아니라, 무기탄약을 더 이상 보충할 수 없는 지경에 이르렀다. 사실상 이강년 부대는 의병전투 기능을 상실한 상태였으며, 결국 7월 2일(6.4) 일본군수비대의 급습으로 이강년 부대는 도선봉 하한서와 군사 7명이 전사하고 이강년도 이 까치성 전투에

서 왼쪽발 복사뼈에 총탄을 맞아 부상을 입고 체포되고 말았다.[37]

2) 영동지역에서 활약한 의병장

민긍호 의병부대, 이강년 의병부대 등과 같은 큰 부대 단위의 의진 외에도 각 지역에서도 소규모 의진이 구성되어 의병활동을 전개하였는 바, 이들은 민긍호, 이강년 의진과의 연계 내지는 독립적인 활동을 전개하였다. 이를테면, 강원 영동지방의 권종해는 고종이 양위한 후에 "이제는 결사항전할 따름이다"라고 결심을 굳히고, 1907년 군대가 해산되자 원주병영으로 가서 특무정교 민긍호와 의무도통 이재희 및 지휘관 김덕제 등과 구국운동의 전개에 대해 모의하였다. 여기서 무기 1800자루를 얻어 의병소모장이 되어 관동일대에서 소모활동을 하며 많은 전과를 올리기도 했다. 특히 1908년 2월 모집한 의병을 거느리고 이강년 의진과 합류해 백담사 전투에서 큰 전과를 올렸으며, 인제 운둔령, 정선군 북면 단림에서도 교전을 했다. 이해 6월 일본군은 권종해 집을 습격해 어머니 김씨와 둘째 아들 증수를 죽이기까지 했다.

또 당시 강릉군 신리면의 김해석도 강릉과 양양을 중심으로 의병을 소모하여 80여 명을 거느리고 고성, 회양 등에서 활동했다. 이밖에도 연곡면의 신인로는 김용상의 휘하로 들어가 인제, 횡성에서 활동했으며, 우상옥은 정봉준의 종사관으로 충청북도에서 활동했고, 신리면의 정광칠은 농민으로서 양양에서 김성오의 휘하에서 활동했다. 특히 정선 출신의 최돈호는 강릉군 구정면 용수동에서 의병 150여 명을 모아 봉기해 1907년 11월 28일 민긍호, 한갑복 등과 600여 명의 의병으

---

37) 『雲崗先生倡義日錄』, 106쪽 ; 『暴徒에 關한 編册』, 資料11, 義兵Ⅳ, 370~374쪽, 380쪽.

로 강릉읍을 습격하기도 했다.[38] 또 간성 출신 주광석이 박화남, 박내익 등 천여 명을 이끌고 강릉읍에 쳐들어가기도 했다.

김덕제는 전 의진을 2부대로 나누어 자신이 1부대를 이끌고 평창·강릉 방면으로 진출하여 양양·간성·고성·통천·흡곡 일대에서 활약하였다. 한편 민긍호는 나머지 병력을 이끌고 제천·충주·죽산·장호원·여주·홍천 등지에서 활약하게 되었다.

김덕제는 강원도 일대의 지방 의병들과 합류하여 광범위하고 효과적인 의병활동을 전개하여 일본수비대, 헌병 분파소, 경찰관 주재소, 군아 등을 습격하고 일본 관헌들을 사살하였다. 아울러 조선인으로서 일본인의 주구가 되어 의병운동에 저해 요소이었던 일진회원을 비롯한 친일파들은 철저히 수색하여 사살하였다.

이들에 대한 일본 토벌대로서 보병 150연대의 2중대와 51연대 1중대가 기관총 2자루로 무장하고 출동하였으나 이들의 활약을 저지시킬 수는 없었다. 강원도 동해안 쪽으로 진출한 김덕제는 그곳 의병들과 합세하여 3천 명의 대부대를 형성하였으며, 그 해 8월 14일 평창·진부를 점령하고 우편국원 2명을 사살하였으며, 각부(脚夫, 심부름꾼) 1명을 체포하여 격문을 사방으로 살포케함으로써 강원도·평안도 일대로부터 많은 의병을 영입시킬 수 있었다.[39]

원도인·이상학은 고종의 강제 퇴위, 정미7조약 체결과 군대해산을 계기로 일어난 제2차 의병전쟁에서 활약한 의병이다. 원도인은 주로 강원도 강릉·횡성·홍천·양구·인제 등지에서 활약하였으며, 홍천군에서 일본병과 교전하다가 붙잡혔다. 이상학은 양구·인제 등에서 활약하였

---

38) 『大韓民國 獨立有功者 功勳錄』 9권, 국가보훈처, 1991, 749쪽.
39) 『大韓民國 獨立有功者 功勳錄』 1권, 국가보훈처, 1986, 502~503쪽.

으며, 강릉군에서 일본병과 교전하다 붙잡혔다. 의병활동과 관련하여 원도인·이상학은 1심 판결에서 유형(流刑) 5년형을 선고받았다.[40]

김종철은 1907년 8월경 강원도 인제에서 박화암을 의병장으로 추대하고, 관포수 등 100여 명의 의병을 모집하여 의병활동을 시작하였다. 그리하여 박화암 의진의 한 의병장으로 인제를 중심으로 항일 무장투쟁을 전개하던 중, 1908년 2월경 일본군 양양수비대 병사들에게 피체되었다. 하지만 그는 강릉으로 압송 도중 탈출하여 위기를 벗어났고, 이후 강원도 정선·삼척, 경북 봉화 등지에서 은둔 생활을 하면서 재차 거병의 기회를 노리고 있었다. 그리던 중 일제의 무자비한 의병 탄압, 특히 1909년 10월까지 전개된 이른바 '남한대토벌작전'을 목격하고는 분개하여 재차 거의를 단행하였다.

그는 과거 의병활동을 같이했던 동지들을 규합하여 의병부대를 조직한 후, 친일 관리 및 밀정 등 부일배를 처단하여 민족정기를 선양하는 한편 투쟁역량을 강화하기 위해 군자금품 수합활동을 벌였다. 이리하여 1910년 음력 3월 10일 김문도(金文道)와 김중삼(金仲三) 등 부하 의병들과 함께 강원도 인제군 내면(內面) 소한리(小閑里)에 살던 친일 면장 김시원(金時元)을 처단하려 하였으나, 출타 중이므로 그의 집을 소각하였다. 같은 해 음력 5월 30일에는 김국서(金國瑞) 등 부하 의병 4명과 함께 강원도 인제군 기린면 서리에 살던 일진회 회원 엄윤문(嚴允文)을 총살, 처단하였다.

그리고 1913년 음력 11월 15일에는 이종서(李鍾西) 등 부하 의병 3명과 함께 강원도 연곡면 퇴곡리(退谷里) 유동(柳洞)에서 군자금과 군수용품을 징발하였다. 또 1915년 5월 8일에는 김종근(金鍾根)·장명수

40) 「원도인 판결문(사본)(1908.9.19.)」, 자료번호 1-000437-106, 경성지방재판소.

(張命壽)·김원실(金元實)·정대성(鄭大成)과 함께 강원도 홍천군 두촌(斗村)면에서 군자금을 징수하였다. 아울러 같은 해 6월 6일 상기 의병들과 함께 연곡면 장천리(長川里)에서 의병활동을 밀고한 박군팔(朴君八)을 총살, 처단하기도 하였다. 또한 같은 해 8월 11일에도 김용원(金熔源) 및 상기 의병들과 함께 연곡면 송천리(松川里) 이치령(泥峙嶺)에서도 군자금을 거출하는 등 의병활동을 계속함으로써 1910년대 일제 무단정치의 암흑기를 밝혀 갔다. 그러다가 피체되어 사형을 받고, 1916년 11월 29일 경성복심법원에서 형이 확정됨에 따라 1917년 4월 19일 서대문감옥에서 순국하였다.[41]

금기철(1881~미상)은 1907년 초 경북 울진에서 의진을 조직하여 의병장으로 경북 북부 산간 및 영동지방에서 활약하였다. 1905년 11월 을사늑약으로 일제에 의해 자주적 외교권이 박탈되고, 이듬해 1월 통감부가 설치되어 국왕의 통치권이 현저하게 손상되는 국망의 상황이 도래하였다. 이렇게 되자 우리 민족은 본격적인 반일 국권회복운동을 전개하게 된다. 당시 그것은 크게 두 방향에서 전개되었다. 하나는 장기적인 실력양성운동으로 신문과 잡지를 통한 언론 활동, 종교와 그 단체를 통한 종교 활동, 각종 학회와 사립학교 설립을 통한 교육 활동, 국어와 국사 연구를 통한 학술 활동 등 각 방면의 국민계몽운동으로 진행되었다. 그리고 다른 하나는 즉각적인 무력투쟁인 의병운동으로 전개되고 있었다. 금기철 또한 이같은 시기인 1907년 초 의진을 구성하고, 같은 해 4월 20일 한상설(韓相設)·김현국(金顯國) 등과 함께 강원도 횡성에 주둔한 일본군 수비대를 공격하여 적의 간담을 서늘하게 하였다. 이후 1910년 경술국치까지 50여 명의 의병을 거느리고 삼척·강

---

41) 『大韓民國 獨立有功者 功勳錄』 12권, 국가보훈처, 1996, 420~421쪽.

룽 등지에서 대일(對日) 항전을 계속하였다. 그리고 1912년에는 김상수 (金相守)와 함께 군자금을 모집하다가 피체되어 같은 해 6월 15일 대 구복심법원에서 징역 15년을 받고, 이에 불복하여 상고하였다. 그러나 같은 해 7월 15일 고등법원에서 기각됨에 따라 형이 확정되어 옥고를 치렀다.[42]

김진현은 1907년 11월 노면성 의진에 가담하여 동료 의병 수십 명과 총검을 휴대하고, 강원도 인제·양양·강릉 일대에서 일본군 수비대와 교전하는 등 의병활동을 하였다. 그러다가 피체되어 1910년 4월 26일 경성공소원에서 징역 2년을 받아 옥고를 치렀다.[43]

정광칠(鄭光七, 1873~미상)은 강원도 강릉 사람으로 김성오(金成 五) 의진에 가담하여 강원도 강릉·양양 일대에서 활약하였다. 김성오 의병장은 1907년 고종의 강제퇴위와 「정미7조약(丁未7條約)」에 따른 군대해산으로 말미암아 우리나라가 일제의 식민지나 다름없는 상황이 되자, 일제를 축출하고 국권을 회복하고자 의병을 일으켜 강원도 일대 에서 활약하였다.

정광칠은 1908년 김성오 의진에 참여하여 활동하다가 같은 해 4월 10일 동료 의병 50여 명과 함께 강원도 양양군 공자묘(孔子廟) 부근에 서 일본군 수비대와 교전하여 큰 전과를 올렸다. 그러다가 피체되어 같 은 해 10월 22일 경성지방재판소에서 유형(流刑) 3년을 받아 고초를 겪었다.[44]

김성삼(金成三, 1869~1908.12.8)은 함경도 함흥 출신으로 강원도 삼척에 거주한 것으로 추정되며, 1906년 3월 기병한 신돌석 의진의 관

---

42) 『大韓民國 獨立有功者 功勳錄』12권, 국가보훈처, 1996, 131~132쪽.
43) 『大韓民國 獨立有功者 功勳錄』12권, 국가보훈처, 1996, 430~431쪽.
44) 『大韓民國 獨立有功者 功勳錄』13권, 국가보훈처, 1996, 494쪽.

동소모장이었다. 신돌석은 1906년 3월 13일(음) 경북 영덕군 축산면 복평리에서 창의하여 영양·청송·의성·봉화·삼척·정선·강릉·원주 등 경북·강원도 일대에서 태백산맥의 산악지대를 이용한 유격전을 감행하였다.

김성삼은 1906년 4월 "내 나라를 보존하고 백성을 편안케 할 의지로 의를 일으켜 왜적을 치려한다"는 목표 하에 강원도 삼척·이천·경북 울진 등지에서 광산노동자 수백 명을 모집하여 강원도 삼척에서 창의하여 성익현(成益鉉) 등과 함께 강원도 울진·삼척, 그리고 경북 안동 등지에서 활동하였다. 1908년 2월 울진군 서면 동수동에서 일본군과 전투하였으며, 1908년 12월 경기도 이천에서 일본군과 전투하던 중에 부하 3명과 함께 전사하였다.[45]

3) 영동지역 의병전투의 전황(戰況)

1907년 정미의병에 대해 일제는 식민지 지배를 위한 길에 있어서 최대의 걸림돌이라 판단하여, 대대적인 토벌작전을 전개하였다. 이러한 토벌작전을 전개한 까닭은, 정미의병이 다른 의병투쟁과는 달리 전국적으로 확산되었던 점과 조직화되었다는 점 때문이다. 일제는 많은 병력을 동원하고, 거점 지역별로 수비구를 설치하여 토벌작전을 펼쳐왔다. 이러한 일본의 토벌에 의병들은 다양한 전술과 연계체제를 통해 의병전투를 전개했다. 이에 강원 영동지방의 의병전투 실상은 1907년부터 1908년까지 작성된 『한국주차군 사령관의 보고』 문건을 통해 확인할 수 있다.

---

45) 『독립운동사자료집』 별집 1권, 국가보훈처, 231쪽.

강원도 강릉 부근에서 시사(時事)에 분개하여 폭도 수백 명이 집합하였고 우리 우편배달부를 붙잡아 갔으나 생사가 불명임. 또한 폭도는 강릉을 점령하여 근거지로 정하고 대거 경성으로 밀어닥친다는 계획을 가지고 격문을 각 군에 보내는 등 형세가 급박해졌음을 동지의 경무고문(警務顧問) 분견소에서 보고해 옴. 이에 관련하여 경찰관 11명을 편승시켜 동지로 회항함. 폭도진압의 건은 해당 지역의 이사관으로부터 요청이 있음. 또한 육군 보병 1개 중대마저도 편승하여 12일 아침에 출항하여 강릉으로 향함. 강릉지방에는 본국인이 300명 있다고 함.46)

어제 (8월) 13일 오전에 도착함. 강릉에서 1리의 지점에 있는 안목에 이르러 육전대(陸戰隊)를 상륙시킴. 연안은 이상이 없음. 이어서 육병을 양륙(揚陸)하고 육전대는 교대로 귀함(歸艦)함. 또한 오후에 하사관[士官]을 강릉에 파견하여 정찰하게 하였으나 동지에는 아직 폭도가 모여 있다거나 봉기도 없어서 본국 재류 관민은 무사함. 평창군에는 관병과 민병 3,000명이 모여 있다는 풍설이 있음. 도우단 우편수취소 직원인 본국인[邦人] 2명은 이미 살해되었음. 또한 의병은 강릉을 근거지로 삼을 계획이었으나 일본군이 상륙한다는 사실을 탐지하고 점령 계획을 중지한 것으로 보임. 강릉은 본함(本艦)의 회항과 육상병의 내착(來着)에 의해 정황이 정온을 되찾았음. 또한 육병은 오늘 새벽에 진부역 방면에 이르러 폭도의 정황을 정찰하고 임기응변의 대책을 강구하여 상당한 타격을 입힐 계획이라고 함. 이 부근에는 구축함, 수뢰정(水雷艇)이 피박(避泊)할 만한 곳이 없음.47)

---

46) 「기수 제2149호 강릉(江陵) 부근 폭도 진압을 위해 갈성함(葛城艦)의 동지로의 출발에 관한 좌세보(佐世保) 진수부(鎭守府) 참모장 보고 이첩의 건」, 발신일 : 1907-08-13, 수신일 : 1907-08-13, 발신자 : 외무차관 친다 스테미(珍田捨己), 수신자 : 외무차관 친다 스테미(珍田捨己), 기밀(機密) 수(受) 세2149호, 1907년 8월 13일.

47) 「강릉(江陵) 부근의 형세에 관한 갈성함(葛城艦) 함장의 보고 이첩의 건」, 발신일 : 1907-08-15, 수신일 : 1907-08-15, 발신자 : 외무차관, 수신자 : 외무차관, 기밀(機密) 수(受) 제2169호, 1907년 8월 15일.

강릉에 파견한 중대는 군함 갈성(葛城)호에 승선하여 8월 13일 오전 9시에 해군 육전대와 함께 남대천 하구에 상륙한 즉시 강릉을 점령함. 강릉 부근은 평온하지만 진부역(강릉 서쪽 약 10리), 대화역, 평창군에는 폭도가 있음. 또 강릉의 이와모토(岩本) 경부(警部)의 말에 의하면 지난 3일에 우편배달부 1명이 대화역에서, 5일에는 우편취급소 직원 2명이 평창역에서 각각 살해당했다고 함. 중대는 오늘 14일 새벽에 출발하여 진부역으로 전진하고 있을 것임.[48]

삼척 파견 중대는 어제 21일 오후 5시에 하동에 상륙하여 6시 반에 삼척을 점령함. 적 약 40명은 20일에 삼척으로 와서 군수를 포박하고 양민에게 해를 입히고 병기와 탄약을 약탈하여 정선 방향으로 도주하였기 때문에 중대는 즉시 일부를 보내어 추격하였고 나머지는 오늘 22일에 정선으로 전진시킬 것임. 강릉에서부터 남쪽의 추천진에 이르는 지역은 평온함. 삼척 부근의 주민은 적에 가담하고 있는 흔적이 없음. 강릉 파견대의 보고에 의하면 16일에 진부와 대리 사이의 각 촌락 주민은 우마(牛馬)를 이끌고 도주했음. 대리에서는 폭도 10명을 총살하고 화승총 2정, 탄약 80발을 획득했음. 방림동, 게우에기(ケウエキ) 부근에는 의병 4, 5백 명이 있음. 이들 가운데 150명은 한병인 것으로 추측된다고 함. 오후 8시에 시모바야시(下林) 지대에서 보낸 정찰대와 방림동에서 연락했음. 17일에 대화 주민이 모두 도주했음. 중대는 19일 오후 10시에 강릉으로 귀환함. 이때 양양에서 피난해 온 순검의 말에 의하면 적 약 100명이 19일 오전 6시경에 인제현 방향에서 와서 양양읍 내에 방화했다고 함. 그들의 진행방향은 불명임. 따라서 21일 오후 4시에 양양에 동 부대에서 정찰대를 파견했음.[49]

---

48) 「전주(全州)진위대의 해산과 강릉(江陵) 부근 일대의 형세 및 경비에 관한 한국주차군 사령관의 보고 이첩의 건」, 발신일 : 1907-08-15, 수신일 : 1907-08-15, 발신자 : 외무대신, 수신자 : 외무대신, 참1발 제56호, 1907년 8월 15일.

49) 「기수 제2232호 이천(利川), 광주(廣州) 및 삼척(三陟) 방면과 강릉(江陵) 부근 일대의 형세에 관한 한국주차군 사령관의 보고 이첩의 건」, 발신일 : 1907-08-23, 수신일 : 1907-08-23, 발신자 : 외무대신, 수신자 : 외무대신, 1907년 8월 23일.

1907년 9월 1일에 강릉에서 양양에 파견했던 척후의 보고에 의하면 양양 부근은 대체로 정온하나 그곳 북쪽에 소수의 적이 있어 행인을 위협하고 있다고 함. 장전 상륙대는 9월 2일에 고성 부근에서 약 100명(총을 소지한 자가 50명)의 적을 만나 이들을 격퇴하고 간성으로 향했음.[50]

레우코 (강릉)수비중대에서 파견되어 있는 소대는 9월 28일에 진부역 서북쪽 약 7리의 지점에서 약 80명의 적을 공격하여 그 가운데 6명을 죽였음.[51]

강릉수비대장은 그 부대에서 양양 북쪽으로 파견한 척후가 2일에 양양 서북쪽 약 11리의 지점에서 적 약 500명(그 가운데 절반은 관병)을 공격하였으나 탄약이 부족하여 효과를 거두지 못했기 때문에, 진부 부근에 이르러 그곳의 분견대에서 탄약의 보급 및 증원병을 얻은 후 다시 전진하려 한다는 보고를 접하고, 하사 이하 16명을 이끌고 양양 방향으로 급진하여 5일에 하사척후를 따라잡았으나 적이 이미 인제 방향으로 퇴각하여서 그들의 종적을 찾지 못함. 우리의 병졸 1명이 부상하고 적의 사망자는 약 30명, 부상자는 적어도 5, 60명은 될 것이라고 함.[52]

동월 28일에 강릉중대의 전령 졸병 2명이 임계 부근에서 약 20명의 적을 만나 우리의 병졸 1명이 부상을 당했음. 동월 30일에 충주, 청풍가

---

50) 「기수 제2379호 양양(襄揚), 장전(長箭) 방면의 토벌 정황에 관한 한국주차군 사령관의 보고 이첩의 건」, 발신일 : 1907-9-8, 수신일 : 1907-9-9, 발신자 : 외무대신, 수신자 : 외무대신, 1907년 9월 8일 한국주차군 사령관 보고.

51) 「진부(珍富) 방면의 적의 상황에 관한 한국주차군 사령관의 보고 이첩의 건」, 발신일 : 1907-10-07, 수신일 : 1907-10-08, 발신자 : 외무대신, 수신자 : 외무대신, 1907년 10월 6일.

52) 「중부 및 남부 수비관구에서의 폭도의 정황에 관한 한국주차군 사령관의 보고 이첩의 건」, 발신일 : 1907-10-12, 수신일 : 1907-10-12, 발신자 : 외무대신, 수신자 : 외무대신, 1907년 10월 12일.

도상의 충주 동쪽 약 3리에 있는 온실에서 우리의 토벌소대는 약 300명의 적을 만나 그 가운데 16명을 죽임. 동 31일에 우리 소대는 삼척 서쪽 3.5리의 지점에서 인원수 불명의 적과 만나 그 가운데 11명을 죽임. 동일 충주와 평창 사이의 전선 가설작업을 엄호하는 소대는 충주 제천 가도상의 충주 동북쪽 약 5리에 있는 복달령에서 약 400명의 적을 만나 이들을 궤란시킴. 적의 사상자는 불명임. 11월 2일에 평창 북쪽 약 1.5리의 지점에서 우리 토벌대의 소위 이하 7명은 약 200명의 적과 충돌하여 그 가운데 13명을 죽임. 6일에 강릉에서 파견되어 있는 소대는 양양에서 약 500명(이 가운데 한국병이 6~70명)의 적을 공격하여 이들을 궤주시킴. 적의 사망자는 적어도 40명 이상임. 노획품이 약간 있음. 우리측의 손해는 하사 1명이 사망함. 7일에 명계(임계 : 臨溪) 분견초는 약 100명의 적에게 습격을 당하였으나 이들을 격퇴함. 적의 사망자는 8명임.[53]

강릉수비대는 강릉, 양양 가도상의 강릉 북쪽 약 2.5리의 지점에서 약 60명의 적을 밤에 습격하여 이들을 궤란시켰음(일시는 불명임). 회양 수비대의 일부는 (1907년 11월) 18일에 회양 북쪽 약 2리의 지점에서 적 20명과 만나 그 가운데 1명을 죽이고 1명을 부상시킴.[54]

1907년 11월 22일에 평창수비대에서 연락을 위해 강릉 방향으로 파견했던 상등병 이하 5명은 평창의 동북 약 4리에 있는 대화 부근에서 약 300명의 적에게 포위되었으나 이를 돌파하고 돌아왔음. 적의 사상자는 불명이며 우리측의 손해는 없음.[55]

---

53) 「기수 제2957호 한국 각지에서의 적의 상황에 관한 한국주차군 사령관의 보고 이첩의 건」, 발신일 : 1907-11-16, 수신일 : 1907-11-16, 발신자 : 외무대신, 수신자 : 외무대신, 1907년 11월 16일.

54) 「기수 제3004호 강릉(江陵) 및 회양(淮陽) 수비대의 토적(討賊) 상황에 관한 한국주차군 사령관의 보고 이첩의 건」, 발신일 : 1907-11-22, 수신일 : 1907-11-22, 발신자 : 외무대신, 수신자 : 외무대신, 1907년 11월 22일.

55) 「금성(金城) 및 평창(平昌)의 폭도 토벌 상황에 관한 한국주차군 사령관의 보고 이첩의 건」, 발신일 : 1907-11-25, 발신자 : 외무대신, 수신자 : 외무대신, 1907년 11월 25일.

강릉수비대에서 파견한 부대는 11월 20일경에 그 곳 서북쪽의 연곡 역 및 그곳 서남쪽의 산중에서 200여 명의 적을 공격하여 궁지로 몰아 수괴 임기영을 죽였음. 우리측의 손해는 없음.[56]

강릉수비대는 지난 11월 27일 밤에 약 1,000명으로 구성된 적의 습 격을 받았으나 이들을 격퇴하였으며 다음날인 28일에 그 곳 서쪽에서 7~800명의 적을 공격하여 이들을 산중으로 궤주시켰음. 적의 사상자는 약 150명이며 우리측의 손해는 없음.[57]

정선에 분견했던 1개대의 소부대는 4일 야반에 그곳에 내습해 온 약 50명의 적을 남쪽으로 격퇴했음. 적의 사상자는 약 30명임. 이상 모두 우리측의 손해는 없음.[58]

삼척수비대의 정선분견초는 12월 4일에 내습해 온 적 약 500명(이 가 운데 관병이 100명임)에게 포위를 당하여, 오장(伍長) 이하 7명이 순사, 순검 5명과 협력하여 응전한 지 5시간 후에 이들을 격퇴시켰으나 적이 우리의 병력이 적음을 얕잡아보고 다음날인 5일에 다시 내습하여 우리 분견초는 사력을 다해 응전한 지 9시간 만에 완전히 이들을 격퇴했음. 적의 사상자는 적어도 30명 이상임. 노획품은 소총 3정임. 봉화, 삼척, 울진 구역 내의 적도를 토벌하는 중대인 보병 제14연대 제4중대는 12월 16일에 북인동, 주지동(舟池洞)(위치 불명임)에 모여 있는 적을 포위 공 격하여 이들을 섬멸시켰음. 적의 사상자는 약 50명이며 노획품은 총기

56) 「기수 제3123호 중부수비구에서의 폭도 토벌의 정황에 관한 한국주차군 사령관 의 보고 이첩의 건」, 발신일 : 1907-12-06, 수신일 : 1907-12-06, 발신자 : 외무 대신, 수신자 : 외무대신, 1907년 12월 6일.

57) 「기수 제3133호 중부수비구에서의 폭도 토벌의 정황에 관한 한국주차군 사령관 의 보고 이첩의 건」, 발신일 : 1907-12-07, 수신일 : 1907-12-09, 발신자 : 외무 대신, 수신자 : 외무대신, 1907년 12월 7일.

58) 「기수 제3191호 서부, 충주(忠州), 원산(元山) 및 강릉(江陵) 수비구에서의 폭도 토벌의 정황에 관한 한국주차군 사령관의 보고 이첩의 건」, 발신일 : 1907-12-13, 수신일 : 1907-12-13, 발신자 : 외무대신, 수신자 : 외무대신, 1907년 12월 13일.

와 탄약이 다수임. 또한 동 중대의 일부는 동일 마교동(馬橋洞)에 있는 적을 밤에 기습하여 적장 1명을 생포하고 적 5명을 죽였음. 노획품은 총기, 탄약, 피복류 등 다수임. 우리측의 손해는 없음.59)

강원도 진부수비대에서 파견했던 1개 부대는 19일에 진부의 서북쪽 약 10리의 지점에서 적도 약 300명을 만나 그 수괴를 죽였음. 기타 적의 사상자는 불명임. 원산수비대에서 파견했던 1개 부대는 20일에 원산 서남쪽 약 9리의 지점에서 적을 공격하여 그 가운데 21명을 죽였음. 이상 모두 우리 측의 손해는 없음.60)

보병 제14연대 제4중대의 구마자와(熊澤) 소대는 10일에 울진과 광현(廣峴)의 중간 부근에서 적 7명을 죽였음. 동 중대의 가와무라(河村) 소대는 16일에 삼척의 남쪽 대평 부근에서 약 200명의 적을 공격하여 이들을 사방으로 흩어지게 했음. 적의 사망자는 23명이고 부상자는 적어도 70명 이상임. 노획품은 총기 22정과 말 2필, 탄약과 기타 잡품이 다수 있음. 또한 동 중대의 주력은 18일에 그 곳 부근에서 나머지 적을 공격하여 그 가운데 십수 명을 죽였으며 나아가 19일에 그 곳 부근에서 잠복중인 적 십수 명을 죽이고 그 가운데 2명을 생포했음.61)

보병 제41연대의 1개 소대는 삼척의 남쪽 대평에서 흥부(興富)로 전진하던 도중에 적 십수 명과 충돌하여 그 가운데 4명을 죽이고 1명을

---

59) 「기수 제3295호 금화(金化), 남부, 원산(元山), 강릉(江陵) 및 충주(忠州) 수비구에서의 폭도 토벌의 정황에 관한 한국주차군 사령관의 보고 이첩의 건」, 발신일 : 1907-12-23, 수신일 : 1907-12-24, 발신자 : 외무대신, 수신자 : 외무대신, 1907년 12월 23일.

60) 「기수 제3315호 강릉(江陵), 금화(金化) 및 원산(元山) 수비구에서의 폭도 토벌의 정황에 관한 한국주차군 사령관의 보고 이첩의 건」, 발신일 : 1907-12-25, 수신일 : 1907-12-25, 발신자 : 외무대신, 수신자 : 외무대신, 1907년 12월 25일.

61) 「기수 제3338호 개성, 강릉 및 남부수비구에서의 폭도 토벌의 정황에 관한 한국주차군 사령관의 보고 이첩의 건」, 발신일 : 1907-12-26, 수신일 : 1907-12-26, 발신자 : 외무대신, 수신자 : 외무대신, 1907년 12월 27일.

생포했음.62)

강릉수비대의 하사척후는 7일에 그 곳 동남쪽에 위치한 낙풍역의 서남쪽 지점에서 약 500명의 적을 공격하여 다대한 손해를 입힘. 적이 버리고 간 사체가 38구이며 노획품으로 기타 약간의 물품이 있음.63)

강원도의 적도를 토벌중인 보병 제14연대 제12중대는 11일에 오대산 북쪽 9리에 있는 산중에서 100여 명의 적과 충돌하여 그 가운데 30여 명을 죽였음.64)

진부수비 대장 이하 35명은 12월 29일에 그 곳 북쪽에 있는 내면의 서쪽에서 약 30명의 적의 숙사를 급습하여 4명(관병 1명을 포함함)을 죽이고 2명을 포획하였음. 우리측의 손해는 없음.

보병 제47연대의 일부는 10일 평해 서남쪽 약 4리의 지점에서 70명의 적을 격파했음. 적의 사망자는 16명이며 노획품은 화승총 20정임. 또한 동일 그 곳 부근에서 약 200명의 적을 공격하여 이들을 궤란시켰음. 적의 사망자는 50명이고 노획품은 화승총 40정과 신식 총 15정임. 또한 동 부대의 일부는 9일에 영양 동북쪽 2리의 지점에서 약 40명의 적을 격파했음. 적의 사망자는 8명이고 노획품은 화승총 20정임. 또 11일에 평해에서 약 80명의 적을 공격하여 적장 이순요 이하 28명을 죽이고 화승총 30정과 일본 사관의 외투 1개를 노획했음. 이상 어느 경우에 있어

---

62) 「기수 제3356호 개성, 강릉 및 남부수비구에서의 폭도 토벌의 정황에 관한 한국주차군 사령관의 보고 이첩의 건」, 발신일 : 1907-12-28, 수신일 : 1907-12-28, 발신자 : 외무대신, 수신자 : 외무대신, 1907년 12월 28일.

63) 「기수 제117호 남부, 강릉, 충주수비구에서의 폭도 토벌의 정황에 관한 한국주차군 사령관의 보고 이첩의 건」, 발신일 : 1908-01-10, 수신일 : 1908-01-10, 발신자 : 외무대신, 수신자 : 외무대신, 1908년 01월 10일.

64) 「기수 제187호 금화, 충주, 강릉, 남부수비구에서의 폭도 토벌의 정황에 관한 한국주차군 사령관의 보고 이첩의 건」, 발신일 : 1908-01-18, 수신일 : 1908-01-20, 발신자 : 외무대신, 수신자 : 외무대신, 1908년 01월 18일.

서도 우리 측의 손해는 없음.65)

강원도 진부수비대의 토벌대는 횡성 부근에서 적 50명을 습격하여 22명을 죽이고 4명을 붙잡았으며 소총 4정과 탄약 다수를 노획했음.66)

강원도 삼척수비대에서 출동한 장교 척후는 2월 8일 인제 동남방으로 약 7리 떨어진 곳에서 적 5명을 사살하였다. 또 다음날 9일에는 적 8명을 사살하고 1명을 포획하였다. 강원도 인제수비대에서 출동한 토벌대는 동 지역 북방으로 약 6리 떨어진 곳에서 약 150명의 적을 습격하였다. 수괴 1명을 사살하고 적(賊) 2명을 포획하였다. 그밖에 적의 사상자는 불명. 노획품 약간.67)

강원도 정선수비대의 토벌대는 9일 동 지역 동북방으로 약 11리 떨어진 곳에서 적 4명을 사살하고 3명을 포획하였다. 노획품은 소총 3정, 탄약 약간.68)

강원도 진부수비대 대장은 25일 동 지역 북방 내면에서 적의 수괴 1명을 사살하였다. 또 26일 세도(위치 불명)에서 약 30명의 적을 공격하

---

65) 「기수 제232호 강릉, 남부, 북청, 금화 수비구에서의 폭도 토벌의 정황에 관한 한국주차군 사령관의 보고 이첩의 건」, 발신일 : 1908-01-24, 수신일 : 1908-01-24, 발신자 : 외무대신, 수신자 : 외무대신, 1908년 1월 24일.

66) 「기수 제254호 강릉, 남부, 북청, 금화 수비구에서의 폭도 토벌의 정황에 관한 한국주차군 사령관의 보고 이첩의 건」, 발신일 : 1908-01-27, 수신일 : 1908-01-27, 발신자 : 외무대신, 수신자 : 외무대신, 1908년 1월 27일.

67) 「기수 제415호 강릉, 원산 수비구에서의 폭도 토벌의 정황에 관한 한국주차군 사령관의 보고 이첩 건」, 발신일 : 1908-02-15, 수신일 : 1908-02-15, 발신자 : 외무대신, 수신자 : 외무대신.

68) 「기수 제434호 남부, 개성, 충주, 금화, 강릉, 북청 수비구에서의 폭도 토벌의 정황에 관한 한국주차군 사령관의 보고 이첩 건」, 발신일 : 1908-02-18, 수신일 : 1908-02-18, 발신자 : 외무대신, 수신자 : 외무대신.

여 그 중 11명을 사살하였다. 노획품은 소총 6정.[69]

강원도 죽변의 헌병은 5월 1일 동 지역 서방으로 약 2리 떨어진 곳에서 적 약 60명을 격퇴하였다. 아군 헌병 1명이 부상. 적의 사상자는 불명. 평창수비대에서 출동한 우편호위병은 8일 대화 북방으로 1리 떨어진 곳에서 적 약 20명과 조우하여 그 중 5명을 사살하였다. 강릉수비대의 일부는 같은 날 삼척 남방으로 9리 떨어진 도계에서 적 약 20명을 섬멸하였다. 다음날 9일에는 도계 남방으로 3리 떨어진 곳에서 적 약 500명을 격퇴하였다. 그 중 62명은 사살하고 다수에게 부상을 입혔다. 또 다른 일부는 같은 날 삼척 남방으로 15리 떨어진 곳에서 적 약 400명을 격퇴하고 그 중 40명을 사살하였다. 진부수비대의 일부는 12일 정선 동방으로 6리 떨어진 곳에서 적 약 140명과 조우하여 그 중 32명을 사살하였다.[70]

정선수비대의 척후는 15일 동 지역 서북방으로 3리 떨어진 곳에서 적 수십 명과 조우하였다. 그 중 14명을 사살하고 소총 기타 약간을 노획하였다. 강릉수비대는 같은 날 양양 남방으로 약 6리 떨어진 곳에서 적 6명을 발견하여 그 중 3명을 사살하였다.[71]

강릉수비대는 5월 하순 수비구 내에서 적 4명을 사살하였다.[72]

---

69) 「기수 제3774호 남부, 강릉 수비구에서의 폭도 토벌의 정황에 관한 한국주차군 사령관의 보고 이첩 건」, 발신일 : 1908-03-03, 수신일 : 1908-03-03, 발신자 : 외무대신, 수신자 : 외무대신.

70) 「기수 제1248호 한국 각지의 폭도 토벌 정황에 관한 한국주차군 사령관의 보고 이첩 건」, 발신일 : 1908-05-23, 수신일 : 1908-05-23, 발신자 : 외무대신, 수신자 : 외무대신.

71) 「기수 제1295호 한국 각지의 폭도 토벌 정황에 관한 한국주차군 사령관의 보고 이첩 건」, 발신일 : 1908-05-27, 수신일 : 1908-05-28, 발신자 : 외무대신, 수신자 : 외무대신.

72) 「기수 제1359호 한국 각지의 폭도 토벌 정황에 관한 한국주차군 사령관의 보고 이첩 건」, 발신일 : 1908-06-03, 수신일 : 1908-06-04, 발신자 : 외무대신, 수신

강릉수비대에서 출동한 토벌대는 26일 동 지역 동남방으로 약 7리 떨어진 곳에서 적 약 80명을 격퇴하여 그 중 19명을 사살하였다. 총 2정, 기타 약간을 노획하였다.[73]

통천수비대는 6월 26일 동 지역 부근에서 적 2명을 사살하고 총 1정을 노획하였다. 강릉분서의 순사는 수비병과 협력하여 6월 28일 강릉 부근에서 적 1명을 사살하고 3명을 붙잡았으며 총기 12정을 노획하였다.[74]

강릉의 일본인과 한국인 순사는 7월 5일과 6일 양일에 걸쳐 적 2명을 포획하였다.[75]

강릉수비대는 14일 삼척 서남방 황지리 동남방으로 약 4리 떨어진 곳에서 적 2명을 사살하고 총 7정을 노획하였다.[76]

이상에서 처럼 한국주차군보고 건에 수록된 1907년 8월 13일부터 시작된 강원 영동지방에서 항쟁한 정비의병에 대한 토벌은 1908년 7월

자 : 외무대신.

73) 「기수 제1378호 한국 각지의 폭도 토벌 정황에 관한 한국주차군 사령관의 보고 이첩 건」, 발신일 : 1908-06-06, 수신일 : 1908-06-08, 발신자 : 외무대신, 수신자 : 외무대신.

74) 「기수 제1609호 한국 각지의 폭도 토벌 정황에 관한 한국주차군 사령관의 보고 이첩 건」, 발신일 : 1908-07-08, 수신일 : 1908-07-08, 발신자 : 외무대신, 수신자 : 외무대신.

75) 「기수 제1733호 한국 각지의 폭도 토벌 정황에 관한 한국주차군 사령관의 보고 이첩 건」, 발신일 : 1908-07-22, 수신일 : 1908-07-22, 발신자 : 외무대신, 수신자 : 외무대신.

76) 「기수 제1797호 한국 각지의 폭도 토벌 정황에 관한 한국주차군 사령관의 보고 이첩 건」, 발신일 : 1908-07-30, 수신일 : 1908-07-31, 발신자 : 외무대신, 수신자 : 외무대신.

14일까지 약 1년여 동안 지속되어 의병들에게 많은 피해를 안겨주었다. 반대로 의병들의 습격 또한 매우 위협적이어서 일본군에게도 많은 피해를 주었다. 쌍방간의 피해 정도는 단순한 승패의 척도가 될 수 있지만, 의병의 입장에서 위에 언급된 전투상황은 구국을 위한 헌신이며, 또한 조국 독립을 갈망하는 한국사람들의 독립투쟁의 상징이라 할 수 있다.

이처럼 강원 영동 각 지역에서 전개된 32건의 의병투쟁기록을 간략히 분석 요약하면, 대체로 의병 부대 단위는 많게는 500여 명, 적게는 60~70여 명으로 조직되어 의병투쟁을 펼쳤으며, 이들 부대에는 해산된 관군도 포함되어 있었다. 또 이들의 주요 투쟁 대상은 일본군이 주둔하고 있는 지역별 수비대나 경찰분견소 또는 초소를 기습 공격하는 것이었다.

그런데 1907년 8월 정미의병 초기에는 대체로 각 지방의 관아를 완전 점령하였는데, 이에 대한 일본군의 공격으로 점령지는 일본군에게 빼앗기고 점차 의병들은 강원영동 산간 지역으로 주둔지를 옮겨가기 시작하였다. 그래서 영동지방에서 전개된 의병과 일본군의 교전은 대체로 평창, 진부, 인제, 양양, 강릉, 고성 등지의 산간지역이나 주요 고개에서 펼쳐졌다. 이러한 지리적 여건은 의병이 기습공격을 감행할 수 있는 유리한 점도 있거니와 일본군의 토벌이 있을 시 게릴라식 전술을 수행할 수 있는 유리한 점도 있었기 때문이었다.

4) 역사적 의의

강원도 지역의 정미의병은 본질적인 면에서 한말의병의 한계성과 취약성을 벗어난 것은 아니었다. 13도 연합의병부대의 편성과 같은 의병 통일체제가 이루어지긴 했지만 결과적으로 서울 진격작전은 실패로 끝

났고, 의병과 해산군인의 합류와 새로운 무기보유로 전투력이 강화되기는 하였으나, 그렇다고 일본군에 비할 만한 그런 수준에 이른 것도 아니었다.

그러나 강원도지방은 한말의병의 진원지이며, 유인석, 민긍호 등과 같은 쟁쟁한 의병장이 배출된 고장으로 그들의 웅거지이기도 하였다. 이렇듯 강원도지방의 의병활동이 다른 어느 고장보다 유난스러웠던 것은, 첫째, 강원도지방 유림들이 지니고 있었던 척사이념이 남달리 철저했다는 것이고, 둘째, 산포수가 많아 전투역량을 높일 수 있었다는 것이고, 셋째, 지리적 조건 즉 산악지대를 이용한 유격전 등의 작전상 잇점이 많았으며, 넷째, 무기제조장을 설치하여 화약병기의 자체공급이 가능하였기 때문이었다.

1907년 8월부터 1907년 10월까지 일어난 강원 영동지방의 정미의병은 1907년 6월 헤이그 제2회 만국평화회의 밀사사건을 계기로 일제가 한국식민지화를 가속화하기 위한 방편으로 같은 해 7월 고종을 강제 퇴위시키고, 정미7조약을 맺게 하였다. 결국 한국의 마지막 보루인 군대 해산령까지 내려지게 되자, 해산 군인과 지식인, 유학자 등 다수의 인사들이 자발적으로 참여한 항일투쟁으로 해산 군인이 참여함으로써 의병운동이 전국화가 되었고, 의병전술이 향상되거나 무기가 확충되고 의병구성원도 다양화되었던 특징이 있다.

이에 일본은 이와 같은 의병의 진원지이자 세력기반인 강원도 지방에서의 의진을 소탕하지 않고서는 그들의 목적을 달성하기 어렵다고 판단하여 대대적인 토벌작전을 전개하기에 이르렀다. 즉 일본이 한반도를 식민지화하는데 있어서 가장 큰 방해세력은 의병부대들이었다. 따라서 식민지 지배체제를 정착시키기 위해서는 무엇보다도 의병항쟁을 탄압하는 일이 급선무였고, 그것을 위해 감행한 것이 이른바 '남한대토벌작전'이었다.

이를 위해 일제는 일본군 2개 연대병력과 해군함정까지 동원하여 의병 세력의 근거지였던 전라도 해안지방과 지리산 일대에 대해 초토화작전을 전개하였다. 1909년 9월 1일부터 10월 30일까지 약 2개월간에 걸쳐 자행된 이 작전으로 의병세력은 거의 무력화되었다. '남한대토벌작전'은 합방을 앞두고 의병세력을 근절하려는데 목적이 있었다. 1909년 9월 시작한 '남한대토벌작전'은 이른바 외곽지역으로 스며든 이른바 게릴라식 의병 등을 완전 소탕하기 위한 작전이었던 것이며, 실제로는 1907년 정미의병이 확산되기 시작하면서부터 의병 소탕 작전은 매우 대규모 병력이 동원되어 계획적으로 추진되었던 것으로 사료된다.

　이는 1907년 8월부터 작성된 한국주차군 보고서에 따르면, 강원도 지역의 경우 원산을 거점으로 동해안은 강릉, 영서지방은 원주, 춘천 등지에 일본군 수비대를 설치하여 해당 지역 의병 토벌을 주도하도록 한 점을 통해 남한대토벌작전 계획이 수립되기 전부터 치밀하게 의병 토벌을 진행해 왔다. 이에 대해 의병장들과 참여의병들은 정미의병 초기에는 대규모 병력과 부대 단위로 조직화된 의병투쟁을 전개하였으나 일본군에 의한 토벌이 본격화되면서 특히 강원도 경우 일본군 수비대 및 경찰분견소를 기습하는 형태로 투쟁형태가 변화되었다.

3. 강릉의 근대교육 활동과 항일운동

1) 근대학교의 설립과 운영

1898년 설립된 강릉소학교는 1904년 한일의정서 체결 이후부터 일제의 관리 감독 하에 놓이게 되었다. 물론 강릉보통학교는 1906년에 공포된 통감부의 보통학교령에 의하여 설립되었던 것이다. 그런데 이 학교는 본래 1898년에 강릉군청 내에 설립된 강릉소학교였던 것을 개편하였던 것이었다. 이 강릉소학교는 고종이 1895년에 비교적 주체적으로 제정했던 소학교령 제6조 "각 부와 군은 그 관내의 학령아동을 취학시킬 공립소학교를 세우지 않으면 안된다"는 규정에 따라 강릉군청이 주관하여 설립하였다.

여하튼 소학교령에 의해 설립된 강릉소학교가 보통학교령에 의해 강릉보통학교로 개편됨으로써 오히려 수업년한이 5년 또는 6년에서 4년으로 단축되고 일본어를 조선어와 같은 시간수로 1학년부터 가르치도록 강요하였다. 이처럼 일본이 강릉소학교를 강릉보통학교로 개편하고 자기들의 수업 연한보다 낮춘 이유와 또 일본 아동들의 학교인 소학교와 구분하여 보통학교라고 한 이유 모두가 식민지화를 위한 교육침략의 일환이었던 것이다. 그러함에도 모범학교 또는 실용교육이라고 했다. 참고로 병탄직전의 보통학교 각 학년 교육과정을 보면 다음 〈표 1〉과 같다.

공립 강릉보통학교는 1906년 9월에 용강동에 있는 임영관 내에 설립되었는데 수업년한은 4년에 남자만 2학급 54명으로 개교하였다. 그리하여 1909년 3월에 제1회 졸업생 6명을 공식적으로 배출하였다. 1906년 9월에 개교한 강릉공립보통학교는 1905년 이후 일본이 본격적인 침략의 의도를 가지고 통감부를 통하여 추진한 각종 교육법령[77]에 의하여 개교된 학교이다.

〈표 1〉 병탄직전의 보통학교 각 학년 교육과정

과목	1학년	2학년	3학년	4학년	과목	1학년	2학년	3학년	4학년
수신	1	1	1	1	체조	3	3	3	3
국어	6	6	6	6	수예	-	-	-	-
한문	4	4	4	4	창가	-	-	-	-
일어	6	6	6	6	수공	-	-	-	-
산수	6	6	6	6	농업	-	-	-	-
지리	-	-	-	-	상업	-	-	-	-
역사									
이과	-	-	2	2					
도서	2	2	2	2	계	28	28	30	30

1904년 고문정치가 시작된 이래 일제는 민족정신의 말살을 위해 기존의 사립학교를 간섭하고 교사와 학생을 감시하고 음양으로 부당한 압력을 가하여 폐교를 유도하였다. 그들은 직접적 폐교 명분을 찾지 못할 때는 까다로운 조건을 붙여서 학부의 인가를 받도록 강압하였는데 병탄 전해인 1909년부터 실시하였다.

강릉의 기존 사립학교들은 이러한 인가 조건 때문에 자진해서 문을 닫게 될 수밖에 없었다. 그러나 가장 규모가 크고 운영이 착실했던 동

---

77) 1905년 이후 일제에 의해 시행된 각종 학교 법령은 다음과 같다. 사범학교령(1906), 고등학교령(1906), 외국어학교령(1906), 보통학교령(1906), 고등여학교령(1908), 사립학교령(1908), 학회령(1908), 사립학교 보조 규정(1908), 공립사립학교 인정 규정(1908), 교과용 도서 검정 규정(1908), 학부편찬 교과용 도서발매 규정(1908), 실업학교령(1909).

진학교는 1909년 6월 4일에 인가를 받은 것으로 기록되고 있지만, 초당영어학교, 화산학교 등은 인가 기록이 없다. 그 대신 모산(茅山)학교가 새롭게 인가를 받았다. 이런 상황에서 한일병탄 직전에 학부가 인가하였던 강릉지역 사립학교는 1909년 6월 4일 인가된 동진학교, 1909년 3월 26일 인가된 모산학교, 1909년 9월 21일 인가된 강릉 주문진의 신라학교 등 3개교였으며,[78] 화산학교, 우양학교, 초당학교(영어학교)는 인가를 받지 못하였다.

동진학교는 강릉시 운정동에 소재한 선교장 내에 설립되었다. 이 학교는 선교장 주인이었던 이근우가 동네 유지들과 더불어 그 당시에 팽배하던 민족주의 교육사조의 추세에 부응하여 건립하였다. 이 학교의 정확한 설립년도는 확실치 않지만 여러 정황으로 보아서 1900년을 전후한 시기로 보인다. 이 학교를 통하여 강릉지방 청소년에게 근대지식을 보급함은 물론 인재를 양성하여 조국의 독립과 고향의 발전에 공헌하고자 했던 선각자의 뜻이 강력하게 펼쳐졌던 것이다.

동진학교의 수업 연한은 3년이었다. 학급구성은 갑반(甲班), 을반(乙班)으로 분류하였는데, 처음 입학하면 을반에 편입되었다가 발전 정도에 따라 갑반으로 승급하였다. 전체 학생수는 대략 100명 정도였던 것으로 보아 강릉에 본래부터 유학이 성했음에도 불구하고 근대교육에 그처럼 호응을 한 것은 당시의 유림들까지 나라와 민족발전에 관한 의식이 어느 지역보다 강했던 때문이다.

여기에서 배운 교과목은 지리, 역사, 산수, 체육과 일본어였으나 특히 우리 한글과 조선역사에 대한 교육이 강조되었다. 이와 같은 교과내용으로 볼 때 동진학교가 중등정도의 근대학교 수준에 해당된다고 볼

---

78) 『강릉시사(하)』, 강릉문화원, 1996 참조.

수 있다. 이 학교의 입학자격은 연령에 제한없이 누구나 가능하였으나, 20세 전후의 청년학생들이 가장 많았다.

강릉지역 근대학교의 효시였던 동진학교는 1910년에 안타깝게도 폐교되었는데 이것은 당시 학교의 재정 유지 문제와 신학제에 의한 관립학교인 보통학교의 설립으로 인한 학생 유치의 어려움 때문이라고 볼 수도 있다. 그러나 그보다는 당시의 민족선각자들이 구국운동의 목적으로 세운 사립학교를 탄압한 일제의 억압정치 때문에 유지가 어려웠던 이유가 더 컸으리라 믿어진다.

우양학교는 강릉시 성산면 위촌리에 설립되었으며, 그 교육과 운영에 있어서 동진학교와 밀접한 관계를 맺고 있었다. 1906년(광무 10) 설립되었는데, 학생들의 연령은 비교적 동진학교생들보다는 낮았다. 이 학교의 수업은 대개 동진학교의 교사들이 출장 강의하였다. 또 동진학교 갑반 학생들이 교대로 교습하기도 하였다. 이것으로 보아 우양학교는 초등 정도의 학교로 보면 옳을 듯하다. 따라서 우양학교 졸업생들은 동진학교의 갑반에 편입하였던 것으로 전해진다. 여기서 배운 교과과정은 동진학교와 비슷하였지만 실제로 그 내용은 초급과정으로서 비교적 수준이 낮았다.

초당학교는 1906년(광무 10) 강릉 초당동에 설립된 강릉지역의 또 하나의 대표적 근대학교였다. 초당학교는 강릉유지였던 최돈철과 최용집 등이 개화기의 민족사립학교의 특징이었던 국민계몽이라는 목적 아래 설립하였다. 따라서 초당학교는 처음부터 민족선각자의 한 사람이었던 몽양 여운형을 초빙하여 영어를 비롯한 근대 교과목을 배웠을 뿐 아니라 강릉사람의 민족정신을 앙양하는데 큰 공헌을 했던 학교이다.

주요 교과목은 한문을 비롯하여 국어, 산술, 지리, 역사 등이었지만 특기할 것은 동진학교가 일본어를 적극 교습하였던 데 반하여 초당학교에서는 영어를 주로 가르쳤던 점이다. 따라서 초당학교를 일명 영어학교라고 부르기도 한다.

강릉사람들에게 근대정신과 민족정신을 배양하고자 설립한 동진학교와 초당 영어학교는 후에 설립 이념과 목적이 상통하여 동진학교로 합병한 후 강릉지역의 중심지였던 임당동으로 이전하였으나 일제에 의해서 오래 가지 못하고 강제로 폐교당하고 말았다.

화산학교는 1909년 교동에 소재한 강릉향교가 기반이 되어 설립하였는데, 화부산의 산명을 따서 화산학교라 하였던 것이다. 이 학교는 이미 새로운 학제를 관장하던 중앙정부당국의 학부로부터 승인을 받아 설립되었고, 향교재산을 교비로 충당하여 운영하였다. 그러나 한일병탄 다음 해인 1911년 역시 폐교되고 양잠전습교로 변신되었으니 본래의 설립정신과 거리가 멀어졌다. 화산학교가 개화기에 특별히 유림지도자들에 의하여 근대학교로 설립되었다는 점에서 의의가 크다. 여기에서도 근대 교과목들인 한문, 국어, 조선역사, 지리, 일본어 등을 가르쳤다.

개화기에 강릉지방에서 설립·운영되었던 이상의 근대학교들은 독자적인 특수성을 가지면서도 학교 간에는 횡적인 교류가 있었다. 이 학교들의 교육목적은 근대지식 획득에 의한 인재의 양성으로 나라와 고향을 지키겠다는 데 있었다. 이 학교들은 매년 송정동 솔밭광장에서 연합으로 대운동회를 개최하였는데, 그 목적은 신체단련은 물론 정신단결에 의해서 나라와 민족과 지역을 굳건히 지키는 힘을 기르자는 데 있었다. 또한 그 당시 청년학생들은 근대교육의 필요와 애국 애족정신을 강조하기 위한 노래[79]를 많이 애창하였다. 이러한 노래들은 개화기에 민족정신 계몽을 통하여 애국 애족하는 국민을 길러 조국의 독립을

---

79) 애족 정신을 강조하는 당시 노래로는 〈소년 모험 행진가〉, 〈청년 애국가〉, 〈운동가〉, 〈행보가〉 등이 있다.

지키려 했던 민족지도자들이 만들어서 전국에 퍼뜨린 노래들이었다.

2) 관동학회 강릉지회 설립과 목적

관동학회는 1906년을 전후하여 학회조직이 전국단위로 요원의 불길처럼 퍼지던 시기에 설립되었다. 1905년 을사조약 체결로 인하여 국권상실이 촌각을 다툴 만큼 급박해지자 개화 선각지도자들이 우선 서울에서 활동하던 향토 출신끼리 단합하여 자기고향의 근대교육을 지원하자는 뜻으로 학회를 조직하였다.

당시 학부에서 조사한 학회 상황[80]에 따르면, 관동학회의 설립 목적은 교육의 진흥을 위함이었으며, 이를 위해 7개의 지회를 설치하였다. 특히 학회의 중점적인 교육활동은 측량원 양성 및 일본어·산술·잠업·과업의 강습소를 개교하는 것이었다. 또 관동학회 교육활동을 지원하기 위한 경비는 후원금에 의존하였는데, 강릉 인사 박기동 외 2인과 남궁억[81] 등이 후원에 참여하였다. 이러한 과정의 성과로 관동학회 강릉군지회에서는 강릉군 읍리에 사립학교 3교개를 설립하였고, 관동

---

[80] 『고종시대사』 6집, 1909년 12월 30일(목).

[81] 서울에서 태어난 그는 1884년(고종 21) 영어학교에 1년 다닌 후 묄렌도르프의 견습생으로 있다가 1887년 전권대신 조민희의 수행원으로 상해에 갔다. 1889년 궁내부 별군직을, 1893년 칠곡부사 등을 역임하고 1894년 내부토목국장이 되어 탑골공원 공사를 맡았다. 그 후 흥화학교에서 영문법과 국사를 가르치고 독립협회에 가입하여 1898년 독립협회 관계로 투옥되었다가 석방되자 황성신문사 사장이 되어 러·일의 한국분할설과 러·일협정(1902)을 공박했다. 1905년에 성주목사, 1906년 양양군수로 있으면서 양양에 현산학교를 설립하고 이듬해 대한협회 회장이 되고, 1908년 『교육월보』를 간행하는 한편 관동학회 회장이 되었다. 1910년부터 배화학당 교사로 9년간 재직, 1918년 강원도 홍천의 모곡에 교회와 학교를 세우고, 「무궁화 묘포」를 만들었으며, 1933년 무궁화와 한국역사사건으로 체포되어 복역 중 1935년 병으로 석방되었다. 저서에는 『동사략』, 『조선이야기』가 있고, 작품으로는 『무궁화동산』, 『기러기』, 『조선의 노래』 등이 있다.

학회 원주군지회는 원주군 읍리에 사립학교 2개교를 설립하였다. 그러나 선각자들의 자발적인 활동과 참여로 이루어진 학회의 교육활동은 1910년 8월 한일병탄을 계기로 모두 해산되었다.

> 解散 一九一〇年 八月
> 以上에 列擧혼 者는 全國에 知明혼 것뿐이라 或은 一道 一郡 或 一部人士의 組織혼 會로 解散의 命을 當혼 者는 枚擧키 不能호다 現在 朝鮮內에는 朝鮮사람끼리 호는 結社는 一個도 無호다 會가 解散될 時에는 重要人物은 반다시 무슨 罪名으로 惡刑과 罰을 受호다.[82]

1910년 8월 해산된 관동학회는 남궁억 등이 주축이 되어 강원도 유지들로 구성된 것으로 강원도 지방의 근대교육 지원에 총력을 다 하였다. 특히 '관동학회' 본부는 서울에 두고 있지만 강릉에 '관동학회 강릉지회'를 두고 음·양으로 지원하였다. 본회의 목적은 교육을 진흥함에 있다고 한 관동학회는 그 지회 설치규정을 다음과 같이 제시 하였다. 즉, "관동 각군에 유지인사가 본회의 목적을 찬성하야 입회한 의원이 20인 이상에 달할 시에는 본회의 원칙 제3조에 의하야 지회를 설립한다"고 되어 있다. 강릉은 위와 같은 지회설립기준에 적합한 유지인사가 많았기 때문에 지회를 설립할 수 있었다.

3) 근대교육이 항일운동에 미친 영향

대한제국기를 거쳐 일제강점기에 이르러서의 한국 교육은 우리 민족을 우민화, 노예화시켜 철저히 착취하고자 한 일본의 식민지 교육정책

---

82) 국사편찬위원회, 『한국독립운동사 자료 4(임정편Ⅳ)』 사료집 제2.

에 의해서 전개되었다. 따라서 한국의 교육 현장은 일본의 식민지 교육 정책에 반항하면서 민족 독립 정신을 배양하여 나라를 되찾는데 필요한 애국자 양성을 위한 민족사립학교와 일제의 식민정책에 부응하거나 주어진 여건에 순응하는 관제학교의 두 계열로 구분된다. 그러나 관제 공립학교로 출발하였으나 교육실천 현장에서는 기회를 보아 민족정신을 배양하는 교육을 하다가 많은 고초를 당하게 된 경우도 없지 않다. 일제강점기 강릉의 공립학교 학생들과 사립학교 출신인사들, 그리고 소규모 야학교에 다녔던 학생들은 독립만세운동에 적극 가담하였던 것으로 파악된다.

1906년을 전후하여 만들어지기 시작한 강릉지방의 사립 신교육 기관들은 일제강점 초기까지 힘겹게 존속하면서 이 지방 젊은 청년들에게 민족의식을 교육시켰고, 이때 뿌려진 민족의식의 씨앗은 계속 성장하여 강릉지방의 3·1 만세운동과 강릉농업학교의 항일 학생운동의 원동력으로 작용하였다. 따라서 강릉지방의 항일운동은 국권 침탈 이전의 항일 의병운동과 신교육 운동 그리고 국권 침탈 이후의 3·1 만세운동과 신간회 강릉지회의 활동, 강릉농업학교가 중심이 되었던 항일 학생운동의 전개로 이어지는 역사적 맥락을 갖고 있다.

1919년 4월 2일에 전개된 만세운동은 본래 강릉공립보통학교의 학생들과 당시 감리교회 목사였던 안경록을 비롯한 감리교회의 신도들, 그리고 안경록과 연결되어 항일 의식을 키워 오던 보통학교 졸업생의 모임인 강릉청년회가 함께 계획한 시위운동이었다. 강릉공립보통학교 4학년 졸업반 학생이던 이명의(20세), 신수봉(22세), 권춘만(15세), 최봉규(18세), 김영두, 이준모 등이 독립선언서를 얻어 교내 학생을 중심으로 4월 2일에 독립만세운동을 전개하기로 은밀히 계획하였으나 같은 반 급우인 심모의 고발로 인하여 거사 하루 전인 4월 1일에 모두 체포되고 말았다. 이 일로 인해서 이명의는 주모 학생으로 지목되어 태

90대의 벌과 퇴학처분을 받았으며, 신수봉도 퇴학을 당하게 되었고, 졸업생들의 모임인 강릉청년회 역시 조사를 받게 되었다.

한편, 감리교회와 강릉청년회에서는 예정대로 태극기를 교회에서 만들어 4월 2일에 장터에 나가 안경록 목사를 선두로 만세를 불렀다. 당시 강원도 장관의 보고문에 의하면,「昨日 江陵市場에서 八, 九名이 舊韓國旗를 持하며 獨立萬才를 高唱하니 二十餘名 和唱하였으며 他群衆은 參加치 않고 解散 主謀者 取調中」이라 하여 주모자는 물론 감리교회의 안경록과 강릉청년회의 최선재, 조대현 등을 말하는 것이며 여기서는 20여 명이 만세를 부르며 호응하였다고 한다.

한편 1919년 4월 24일 발행된 『매일신보』 3면 기사에 의하면 강릉청년회의 중심 인물로 활약하던 최선재, 조대현, 최선근, 최돈옥, 김진숙 등이 2일 오후 4시에 있었던 만세운동의 주모자로 체포되어 각각 징역 10월에서 4월까지 언도받은 것으로 적고 있어 2일의 만세운동이 감리교회와 강릉청년회가 함께 전개하였으며 그 시간은 오후 4시경이었다고 한다.

또 1919년 4월 4일의 만세운동은 초당의 최돈옥과 최이집, 최진규, 박장실, 최영방, 김봉공 등 창동회의 지도자들이 야학 학생들을 동원하고, 역시 감리교회 교인이면서 강릉청년회 회원이던 초당리 최돈제를 통하여 교회에서 태극기를 제작하는 등 감리교회의 지원을 얻어 남대천 보(洑) 공사날을 계기로 전개한 만세운동이었다. 초당 야학의 학생들은 비록 정규 학교의 학생들은 아니었지만 영어학교 이후에 초당에서 내려오는 민족정신의 영향으로 어떤 학생들보다도 항일의식은 강했다. 이들 야학 학생들은 선창부와 해산 방지부까지 조직하였으며, 농민들이(지금의 강릉의료원 앞) 공사를 마치고 괭이와 삽, 그리고 가래를 들고 시위를 벌일 때 질서와 절도 있는 만세운동이 되도록 이끌었다. 400명이 넘는 농민들의 질서 있는 시위에 대하여 당시 강릉에 주둔하고 있던 중대 병력의 일본군과 경찰은 무력으로 진압에 나섰고, 그 결과 부상자가 수십명 발생하였다. 다음날 일경은 주모자와 조직원 30여 명을 검거하여 심한 고문을 가하였고, 결국 주동자 최이집과 최진규는 이 일로 인해 재판을 받고 원산 감옥에서 4개월의 옥살이를 하였으며, 박장실과 최영방, 김봉공은 각각 태 90, 류옥일은 기소유예를 선고받았다.

1926년에는 젊은 학생들의 주도로 3·1 만세운동의 연장으로 볼 수 있는 6·10 만세운동이 일어났고, 이에 자극을 받은 민족지도자들은 유일당 결성에 나섰으며, 결국 이러한 노력으로 1927년에 신간회가 결성되면서 민족주의계와 사회주의계의 단결이 이루어졌다. 이렇게 하여 만들어진 신간회는 월남 이상재를 회장으로 하여 기회주의자의 배격과 민족의 단결, 경제적, 정치적 각성을 촉구하면서 전국적인 조직망을 갖추게 되었고 이에 따라 강릉지방에서도 1927년 10월 5일 신간회 강릉지회 설치 추진위원회를 개최하였는데, 이때 준비위원으로 선출된 사람은 최준, 전성묵, 최선재, 송세호, 조근환, 장동균, 이상각 등 7인으로 이들 중 이상각, 최선재 등은 강릉 3·1 만세운동 당시 강릉청년회에서 활동했던 인물이다. 이들 7인의 신간회 강릉지회 설치 추진위원들은 두 달 동안의 활동으로 1927년 12월 3일, 드디어 60여 명의 회원을 모아 신간회 강릉지회 설치 창립총회를 열었다.

찾아
보기

【ㅇ】